Ausbau der Wasserstoffwirtschaft

-

Entwicklung

und

Zukunftsperspektiven

von

Kurt Olzog

Ausbau der Wasserstoffwirtschaft

-

Entwicklung

und

Zukunftsperspektiven

Autor: Kurt Olzog

Die Werke des Autors „Energiewende im Klimawandel", „Der Mond – Rohstoffquelle und Weltraumbasis", „Globalisierung der Politik – Geschichte und Zukunftsperspektiven", „Bevölkerungsexplosion und Ressourcenverbrauch" und „Gletscherschmelze und Meeresspiegel" sind inzwischen herausgekommen, das erste in mehreren Sprachen. Nun nimmt der Autor sich des Themas „Ausbau der Wasserstoffwirtschaft" an und beleuchtet die Entwicklung der Wasserstoffgewinnung und -nutzung. Zukünftig kann Wasserstoff die fossilen Rohstoffe völlig ersetzen.

Bibliografische Information der Deutschen Nationalbibliothek:

Die Deutsche Nationalbibliothek verzeichnet diese Publikation in der Deutschen Nationalbiographie; detaillierte bibliografische Daten sind im Internet über dnb.d-nb.de abrufbar.

TWENTYSIX – Der Self-Publishing-Verlag

Eine Kooperation zwischen der Verlagsgruppe Random House und BoD – Books on Demand

© 2020 Kurt Olzog

Herstellung und Verlag:

BoD – Books on Demand, Norderstedt

ISBN: 9783740768522

Inhalt

1. Das Element Wasserstoff — S. 6

2. Wasserstoffgewinnung — S. 32

3. Nutzungsmöglichkeiten von Wasserstoff — S. 42

4. Verdrängung fossiler Rohstoffe — S. 51

5. Wasserstoff bremst Klimawandel — S. 62

6. Weitere Entwicklung der Wasserstoffwirtschaft — S. 80

7. Zukunftsperspektiven — S. 85

Literaturverzeichnis — S. 100

1. Das Element Wasserstoff

Mit der Entdeckung Amerikas setzte eine beispiellose Erkundung der Erdkugel ein. Die Astronomie gewann sprunghaft an Anhängern, und die Denkweise von Menschen veränderte sich in einer Weise, dass das Metaphysische, das Übernatürliche, zu Fragen nach dem Natürlichen, dem Physischen anspornte. Man forschte nach der Zusammensetzung von Erde, Luft und Wasser, das Phänomen Feuer wurde untersucht, und allmählich bildete sich eine naturwissenschaftlich interessierte Gemeinschaft von Leuten, beginnend mit Europa, die ihre Erkenntnisse weitergaben und so Wissen und Überlegungen verbreiteten. Es entstand eine Philosophie der Aufklärung.

Es wurden nun Fragen gestellt, welche Elemente zusammenwirkten, um auf der kugeligen Erde leben zu können. Wie setzt sich die Luft zum Atmen zusammen, woraus besteht das Wasser, das wir täglich trinken und das manchmal auch Übelkeit bereiten kann? Die Alchemie überlegte, wie sich Gold herstellen ließe. Es brauchte viel Zeit, um herauszufinden, woraus die Materie besteht und welche Reaktionen zwischen den Elementen der Materie möglich sind. Immerhin wissen wir heute, dass die Erdkugel zu 71 % von Wasser bedeckt ist. Ein Teil des Wassers ist an den Erdpolen zu riesigen Eisschilden gefroren. Auf höheren Gebirgen haben sich Gletscher aus gefrorenem Wasser gebildet. Mittlerweile schmelzen Gletscher und Eisschilde zunehmend, und wir fragen uns zu Recht, woher das wohl kommt und was wir dagegen tun können. In dem Buch „Gletscherschmelze und Meeresspiegel" bin ich auf diese Zusammenhänge näher eingegangen, so dass ich mir momentan weitere Details erspare.[1]

Im Verlauf der letzten zweihundert Jahre haben wir zudem immer mehr Elemente kennen gelernt, aus denen die Materie besteht. Das leichteste Element, das wir kennen, ist der Wasserstoff, der im chemischen Periodensystem an erster Stelle steht. Das chemische Periodensystem enthält inzwischen 118 Elemente, die sich in der Anzahl der Protonen im Atomkern unterscheiden. Das Wasserstoffatom enthält nur ein Proton in seinem Kern, der umkreist wird von einem Elektron. Schwerere Elemente werden in der Regel von so vielen Elektronen umkreist, wie Protonen im Kern enthalten sind. Elektronen und Protonen sind elektrisch unterschiedlich geladen, so dass sie sich anziehen. Die positiv geladenen Protonen stoßen sich gegenseitig ab. Deshalb brauchen größere Kerne Neutronen als Puffer zwischen den Protonen. Vollständige Atome sind nach außen elektrisch neutral. Sobald ihnen Elektronen abhanden kommen, werden sie nach außen hin elektrisch positiv wirksam und dann als Ionen bezeichnet. In der Natur geschieht das zum Beispiel durch Reibung feuchter Luftmassen in Gewittern. Für den anschließenden Ladungsausgleich sorgen Blitze.

Auf der folgenden Seite sind die chemischen Elemente schematisch dargestellt.[2]

---

1   Olzog, Kurt: Gletscherschmelze und Meeresspiegel. S. 6.
2   DIE ZEIT: Das Lexikon in 20 Bänden. Hamburg 2005. Band 11, S. 251.

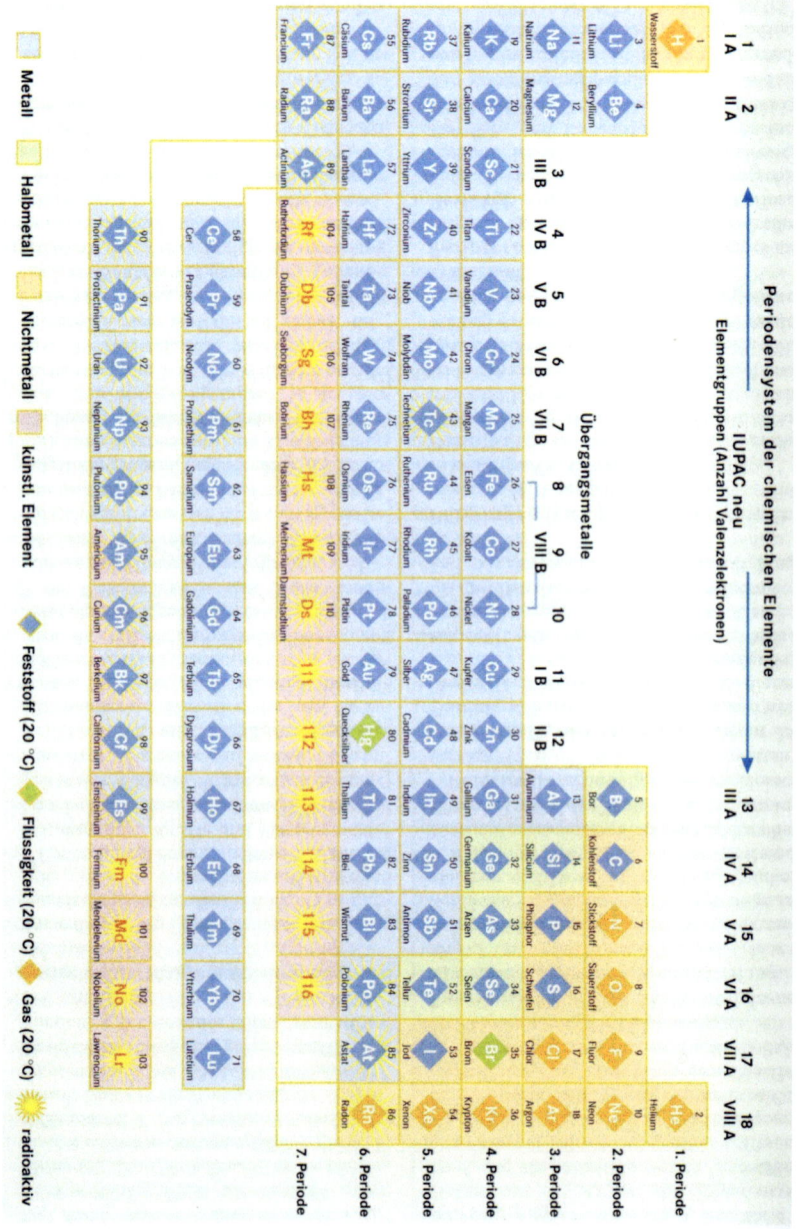

Die Elemente 117 TS (Tenness) und 118 Og (Oganesson) fehlen hier noch. Ein Vergleich mit dem Buch „Komisch, alles chemisch!" von Dr. Mai Thi Nguyen-Kim lohnt sich.[3]

Der Wasserstoff (Hydrogenium), das bei weitem häufigste chemische Element im Weltall, kommt auf der Erde fast nur in gebundener Form vor. Am besten bekannt ist seine Verbindung mit Sauerstoff (Oxygenium) mit der chemischen Kurzformel H_2O.

Durch Versuche hat man festgestellt, dass sich molekularer Wasserstoff H_2 recht träge verhält. Nur mit Fluor reagiert er bereits bei tieferen Temperaturen explosionsartig zu Fluorwasserstoff (HF). Unter energiereicher Strahlung reagiert H_2 auch mit Chlor zu HCl, auch als Chlorknallgas bekannt. Mit Sauerstoff reagiert H_2 explosionsartig zu Wasser (Knallgas). Dazu genügt ein Funke.

Der Anteil von Wasserstoff an der Zusammensetzung der Erdkruste beträgt 0,88 %, und zwar in gebundener Form als Wasser und von organischen Verbindungen (z. B. Kohlenwasserstoffe). Atomarer Wasserstoff H reagiert jedoch stärker mit anderen Elementen als H_2, so dass man ihn ungebunden in der Natur nicht findet, er bildet zumindest mit einem weiteren Wasserstoffatom H_2. Man kennt drei Isotope von Wasserstoff. Stabil sind zwei Isotope: ^1H, leichter Wasserstoff, auch Protium genannt, Anteil an natürlichem Wasserstoff 99,985 %, außerdem ^2H, schwerer Wasserstoff, auch Deuterium genannt, mit einem Anteil von 0,015 %. Schließlich ist das radioaktive Tritium ^3H bekannt, der über-

---

[3] Nguyen-Kim, Mai Thi: Komisch, alles chemisch! München 2019. Hintere aufklappbare Umschlagseite.

schwere Wasserstoff, der neben dem Proton noch zwei Neutronen im Kern enthält, bis er zerfällt.[4]

Das Zerfallsergebnis ist ein Helium-Isotop, das durch Aussendung eines Elektrons entsteht. Tritium wird gerne als Radioindikator zur Markierung organischer und biochemischer Verbindungen verwendet. Es entsteht unter dem Einfluss kosmischer Strahlung, verbindet sich mit Sauerstoff und ist Teil des Wasserkreislaufs. Es kann zur Altersbestimmung von Grundwasser oder auch von altem Wein verwendet werden.[5]

Dass Deuterium und Tritium zur Erzeugung von Helium genutzt werden kann unter Freisetzung enormer Energiemengen, ist seit den oberirdischen und unterirdischen Tests von Wasserstoffbomben allgemein bekannt. Schließlich schenkt unsere Sonne der Erde ein Übermaß an Energie, indem sie seit Milliarden Jahren Wasserstoffkerne zu Heliumkernen „brennt". Dieser Vorgang soll sich nach Berechnungen von Physikern noch einige Milliarden Jahre fortsetzen. Nachdem diese Kernfusion auch auf der Erde erfolgreich getestet wurde, versuchen nun etliche Wissenschaftler, diese Technik auch für die friedliche Nutzung verfügbar zu machen. Diese Versuche dauern nun schon einige Jahrzehnte, und es deuten sich Erfolge an. Es könnte bald gelingen, mehr Energie nach außen zu leiten, als in die Kernfusion hineingesteckt werden musste. Aber von Wirtschaftlichkeit ist man noch weit entfernt. Hier ist also Geduld angesagt, und natürlich sind noch Milliarden Dollar und Euro an Investitionskosten nötig.

---

4   DIE ZEIT: Das Lexikon in 20 Bänden. Hamburg 2005. Band 16, S. 77
5   Lexikon der Physik in 6 Bänden. 2000 Heidelberg. Band 5, S. 315f

Wenn die Kernfusion einmal wirtschaftlich arbeitet, haben wir über Jahrtausende hinweg kein Energieproblem. Weder benötigen wir dann noch fossile Energiequellen, noch müssen wir die Landschaft „zerspargeln" mit Windrädern. Aber bis dahin müssen wir den Übergang schaffen, um mit erneuerbaren Energiequellen von den fossilen Brennstoffen wegzukommen. Bei dieser Gelegenheit könnte es uns gelingen, Fotovoltaik und Windkraft so zu nutzen, dass wir damit dezentral soviel Strom erzeugen, dass keine fossilen Energiequellen mehr benötigt werden. Überschüssigen Strom können wir durch Elektrolyse von Wasser zur Spaltung in Wasserstoff und Sauerstoff nutzen und bei Windflaute und Dunkelheit durch Brennstoffzellen wieder in elektrischen Strom umwandeln. In den Brennstoffzellen wird der Wasserstoff mit Sauerstoff aus der Luft zu Wasser „verbrannt" und dadurch elektrischer Strom erzeugt. Als Abfallstoff entsteht lediglich Wasser. Es werden keine Schadstoffe erzeugt. Hierbei ist der Wirkungsgrad der Energieumwandlung völlig uninteressant, weil die Sonne uns mit dermaßen viel Energie beschenkt, dass wir von der dreckigen fossilen auf die saubere Energieerzeugung umsteigen können, ohne Verluste zu erleiden, aber mit enormem Gewinn für unsere Umwelt. Auf diese Weise fällt es uns leicht, noch etliche Jahre auf die Erfolge der Kernfusionsentwicklung zu warten.

Die Kernfusion wird allerdings sehr wichtig, wenn wir uns entschließen, weiter in den Weltraum vorzudringen. Denn je weiter wir uns von der Sonne entfernen, desto weniger Energie können wir aus ihrer Strahlung gewinnen. Also müssen wir dann den Energieerzeuger mit uns führen. Dazu muss allerdings das Volumen der Kernfusionsanlagen noch um Größenordnungen schrumpfen. Da Wasserstoff im Weltall der bei weitem häufigste Stoff ist, sollte es kein Problem sein, die Wasserstofftanks unterwegs aufzufüllen.[6]

Beschränken wir uns zunächst auf unsere Erdkugel. Auf ihr fahren wir herum mit Autos und Schiffen und fliegen mit Flugzeugen, alle gespeist durch fossile Energielieferanten wie Benzin, Diesel und Kerosin, die allesamt aus Erdöl erzeugt werden. Mittlerweile werden Ethanol oder pflanzliche Öle dem Kraftstoff beigemischt, um allmählich von der Nutzung fossiler Brennstoffe wegzukommen. Die Erderwärmung hat zu dem Entschluss geführt, dass wir mit der Aufheizung der Atmosphäre aufhören müssen. Im Pariser Abkommen von 2015, dem 195 Staaten zugestimmt haben, wurde das Ziel von maximal 1,5 Grad Erderwärmung anvisiert. Das ist in der momentanen Weltwirtschaft noch hoch ambitioniert, könnte aber dazu führen, dass vorerst nicht alle flachen Pazifikinseln und Küstenstädte evakuiert werden müssten.[7]

Wenn wir die tropischen Regenwälder betrachten, die sich am Äquator um den Erdball ziehen und von der Innertropischen Konvergenzzone mit regelmäßigem Niederschlag versorgt werden, sehen wir ein großes Maß an Kohlenstoff, das in den Bäumen gebunden ist. Die Bäume atmen über ihre Blätter Kohlenstoffdioxid ein, bauen mit Hilfe von Sonnenenergie den Kohlenstoff und den Wasserstoff aus Wasser in ihr Holzgerüst ein und wachsen dadurch. Den überflüssigen Sauerstoff atmen sie wieder

---

6   Vgl. Olzog, Kurt: Der Mond – Rohstoffquelle und Weltraumbasis. Norderstedt 2017.
7   Vgl. Olzog, Kurt: Gletscherschmelze und Meeresspiegel. Norderstedt 2020.

aus und ermöglichen so den Sauerstoffatmern das Leben. Letztere geben dafür Kohlenstoffdioxid an die Luft ab, das für die Wälder hochwillkommen ist. Es entsteht ein Kreislauf, der sehr stabil ist und nur durch starke Vulkanausbrüche oder durch Meteoriteneinschläge zeitweilig aus dem Gleichgewicht gebracht wird. In diesem Kreislauf spielt der Wasserkreislauf eine Hauptrolle, denn ohne Wasser würden die Pflanzen vertrocknen und somit würde die Kohlenstoffbindung zum Erliegen kommen. Es würde mehr CO_2 in der Luft verbleiben. Glücklicherweise bleibt uns der Wasserkreislauf erhalten und die Ozeane sind zudem in der Lage, CO_2 aus der Luft aufzunehmen. Ein geringfügiger Anteil an CO_2 wird durch die ozeanische Kalkgesteinsenke in der Erdkruste gebunden. Bis zum Beginn der Industriellen Revolution im 19. Jahrhundert waren diese Kreisläufe sehr stabil, nur kurz unterbrochen von Vulkanausbrüchen und Meteoriteneinschlägen. Letztere führten unter anderem zum Aussterben der Dinosaurier. Wie sehr Vulkanausbrüche zu den Eiszeiten beitrugen, ist nicht abschließend geklärt. Die Eiszeiten wiederum trugen dazu bei, dass manche Gebiete, die heute unter Wasser liegen, trocken fielen, wie beispielsweise die Beringstraße zwischen Sibirien und Alaska. Dadurch konnten Menschen schon früh den amerikanischen Kontinent besiedeln.[8]

Allmählich vermehrten sich die Menschen und ernährten sich von großen und kleinen Tieren und von pflanzlicher Kost. CO_2-Atmer wie die Pflanzenwelt und O_2-Atmer wie die Tierwelt hielten sich bis zur Industriellen Revolution in etwa die Waage. Der Kreislauf

---

8   Vgl. Olzog, Kurt: Bevölkerungsexplosion und Ressourcenverbrauch. Norderstedt 2019, S. 8f.

blieb geschlossen. Erst im 19. Jahrhundert änderte sich das allmählich durch die Erfindung der Dampfmaschine, die zur Erzeugung von Stahl und zum Betrieb sehr viel Kohle benötigte. Man begann, mit Kohle statt mit Holz zu heizen und erreichte damit bessere Überlebenschancen im Winter. Es starben immer weniger Menschen an Lungenentzündung. Die Lebensqualität erhöhte sich, immer weniger Kinder starben in den ersten Lebensjahren. Die medizinische Entwicklung brachte den Gedanken an Hygiene hervor und erste Impfstoffe gegen gefährliche Krankheiten. Die Bevölkerung vermehrte sich in der Folge rasant. 1885 erfand Carl Benz das Automobil. Nun wurde Erdöl zum wichtigsten Rohstoff zur Benzinerzeugung und zunehmend für die Wohnungsheizungen.[9]

Schiffe wurden vom Antrieb durch Dampfmaschinen umgestellt auf den Antrieb durch elegante Dieselmotoren, so auch die Eisenbahnlokomotiven. Flugzeuge wurden entwickelt und flogen mit Flugbenzin oder Kerosin. Auf diese Weise konnte immer effizienter CO_2 in die Luft geblasen werden. Gleichzeitig wuchs die Bevölkerung in zunehmendem Tempo, trotz der Verluste in den beiden Weltkriegen. Erdöl schien die Welt zu regieren. Das wirkte sich auf den CO_2-Gehalt der Luft aus: „Durch den Verbrauch fossiler Brennstoffe hat der Mensch den CO_2-Anteil in der Atmosphäre etwa seit dem Jahr 1900 bereits von 280 ppm auf mehr als 400 ppm erhöht. Handeln wir nicht sofort, werden wir nach dem pessimistischsten Szenario des Weltklimarats (IPCC) im Jahr 2100 eine Erdatmosphäre mit 1000 und 100 Jahre später sogar mit 2000 ppm CO_2 erleben. Gegen die Menge des CO_2 wie auch die

---

9   Ebenda, S. 60f.

Geschwindigkeit, mit der sie steigt, werden die natürlichen Regulierungsmechanismen nicht schnell genug ankommen. Eine Erde, wie der Mensch sie nie gekannt hat, wird die Folge sein.

Die Enormität dieser Entwicklung wird vielleicht am deutlichsten, wenn man betrachtet, wie lange es dauern wird, bis die Erde den CO_2-Gehalt auf das vorindustrielle Niveau zurückgebracht haben wird. Der Klimawissenschaftler David Archer von der University of Chicago und der Hamburger Klimamodellierer Victor Brovkin vom Max-Planck-Institut für Meteorologie haben das 2008 berechnet: Die Absorption von Kohlenstoffdioxid durch die Ozeane wird dessen Konzentration in der Atmosphäre in rund 3000 Jahren ausgehend von rund 1400 ppm auf 600 ppm reduziert haben. Nach 20000 Jahren wird die Verwitterung von Karbonatgestein den CO_2-Anteil auf 450 ppm gesenkt haben, und erst nach 200000 bis 400000 Jahren wird die hier besprochene Verwitterung von Silikatgestein das ursprüngliche Niveau von 280 ppm wiederhergestellt haben. Ohne Zweifel wäre es besser, wenn der Mensch schnellstmöglich die Finger von diesem unvorstellbaren Experiment ließe."[10]

Seit der industriellen Revolution hat die Menschheit die Erderwärmung unbewusst vorangetrieben, potenziert durch ihre explosionsartige Vermehrung. Die Bevölkerungsexplosion förderte den Ressourcenverbrauch an fossilen Energierohstoffen und an Metallen. Immer mehr Menschen wünschen sich ein eigenes Auto und freuen sich, wenn es wieder einmal staatliche Zuschüsse für ein neues Auto gibt.

---

10 Blanckenburg, Friedhelm von: Der Thermostat der Erde. In: Spektrum der Wissenschaft 3.20, S. 48-57. (ppm=parts per million).

[11] **Klimawandel: Globale Durchschnittstemperatur**

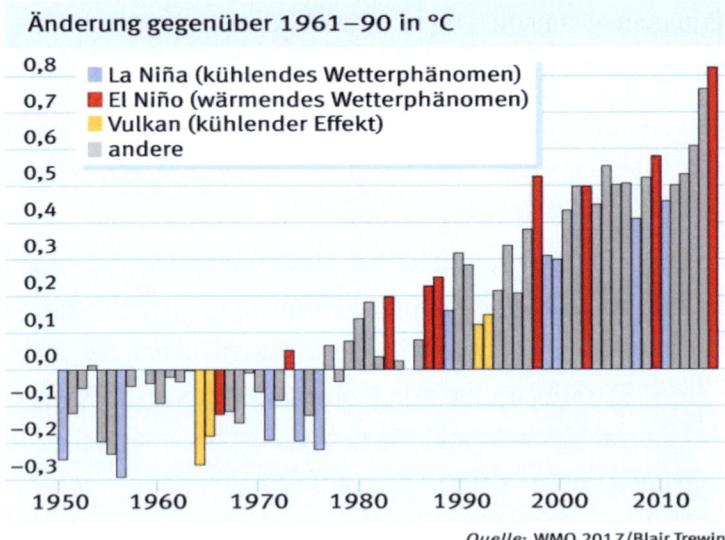

Quelle: WMO 2017/Blair Trewin

Es hat sich allerdings herumgesprochen, dass Autos mit Verbrennungsmotor für fossile Kraftstoffe den CO_2-Anteil der Atmosphäre weiterhin vergrößern, so dass die sogenannten Verbrenner ab jetzt nicht mehr gefördert werden. Statt dessen werden Autos mit Elektromotor stärker bezuschusst, seien sie batterie- oder wasserstoffbetrieben mit Brennstoffzellenantrieb. Die batterieelektrischen Fahrzeuge können nur ein Zwischenschritt sein, denn die Reichweite ist noch sehr unbefriedigend und Batterien haben ein bedeutendes Gewicht. Für Brennstoffzellenfahrzeuge gilt das nicht mehr. Aber es gibt nur wenige Tankstellen für Wasserstoff.

Hier deutet sich eine erste Lösung für unser Ressourcenproblem an. Vor Jahren stattete die Stuttgarter Firma Daimler einen kleine-

---

11 Olzog, Kurt: Gletscherschmelze und Meeresspiegel. Norderstedt 2020, S. 17, entnommen aus: Der neue Fischer Weltalmanach 2018, S. 693.

ren Mercedes mit Brennstoffzellenmotor aus. Sie ließ diesen Prototyp einmal rund um den Globus fahren. Das funktionierte allerdings nur dadurch, dass ein Wasserstoff-Tankwagen mitfuhr. Denn damals gab es noch überhaupt keine Wasserstofftankstellen. Heute sind Brennstoffzellenautos in Serie auf dem Markt. Allein in Deutschland haben sich in den letzten drei Jahren die Wasserstofftankstellen von 20 auf 40 verdoppelt. Außer PKW werden zunehmend Busse und LKW mit Brennstoffzellenantrieb ausgestattet. Bisher kann man diese Informationen nur Werbebroschüren entnehmen. Ein Konkurrenzkampf um diese Technologie ist noch nicht entbrannt. Wollte man 2019 einen Hybrid-Golf kaufen, hieß es im Internet sinngemäß: „Momentan nicht bestellbar" (Erinnerung des Autors). Hierzulande schläft man einen „gesunden" Schlaf, während die Konkurrenz aus dem Ausland schon einen Schritt weiter ist.[12]

Es ist zu hoffen, dass nicht nur das Netz der Stromtankstellen erweitert wird, sondern dass auch die Wasserstofftankstellen sich häufiger verdoppeln. Dieses Thema betrifft die Endkunden direkt, aber wir werden im Laufe dieses Berichts weitere Möglichkeiten erörtern, die Wasserstoff als Ersatz für fossile Brennstoffe zum Inhalt haben.

In der Hansestadt Hamburg ist die Verwendung von Wasserstoff bereits im Alltag angekommen. Um die Luftverschmutzung zu bekämpfen, hat die „Hamburger Hochbahn, die Betreiberin der städtischen Busse und U-Bahnen, beschlossen, ab diesem Jahr nur noch emissionsfreie Fahrzeuge zu kaufen. Und weil batteriebetrie-

---

12 Specht, Michael: Zukunft Wasserstoff. In: Auto & Leben. Das Toyota Magazin. Heft 02/2020. Köln 2020. S. 44f.

bene Busse nur eine geringe Reichweite haben, fahren auf bestimmten Linien zwei Modelle des polnischen Elektrobus-Pioniers Solaris: Elektrobusse mit einer Brennstoffzelle auf dem Dach, die während der Fahrt Wasserstoff in Strom verwandelt. Dabei werden nur Wärme und Wasserdampf freigesetzt, keine Schadstoffe und kein CO_2: Wasserstoff verheißt saubere Energie.

Kein chemisches Element wird im politischen Berlin derzeit so sehr gepriesen. Umweltministerin Svenja Schulze (SPD) nennt Wasserstoff „den Schlüssel für eine klimaneutrale Stahlindustrie". CDU-Wirtschaftsminister Peter Altmaier strebt gar eine „globale Vorreiterrolle" Deutschlands an. Für die Grünen spielt Wasserstoff „beim Schwerverkehr, der Schiff- und Luftfahrt die entscheidende Rolle für die Dekarbonisierung". Und selbst FDP-Chef Christian Lindner twittert: „Grüner #Wasserstoff kann das neue Öl werden."

Woher kommt diese plötzliche Begeisterung? Die Eigenschaften des Stoffs mit dem Kürzel H sind schließlich lange bekannt[…]. Und bisher scheiterten alle Versuche, sie für ein neues Energiesystem zu nutzen. Warum also jetzt?

„Weil Wasserstoff so geil ist", sagt Thorsten Herdan. Der Mann ist Abteilungsleiter im Bundeswirtschaftsministerium und argumentiert normalerweise analytisch-zurückhaltend. Doch an diesem Abend Ende Januar kann er sich kaum zügeln. Er ist Festredner eines sogenannten parlamentarischen Abends in Berlin, den drei Unternehmensverbände gemeinsam ausgerichtet haben. Sie hoffen, dass mit Wasserstoff in Zukunft viel Geld verdient wird. Die Veranstaltung soll Abgeordnete und Ministeriumsmitarbeiter wohlwollend stimmen. Doch die Vorträge und Gespräche haben einen paradoxen Zweiklang: Einerseits heißt es euphorisch, die Technologie sei so ausgereift, dass wettbewerbsfähige Anwendungen bald große Gewinne abwürfen; andererseits wird geklagt, dass es noch einer gehörigen Anschubfinanzierung bedürfe. Thorsten Herdan zufolge soll es daran nicht fehlen. Sein Minister wolle den Einsatz von Wasserstoff massiv unterstützen: „Wir finden Wasserstoff gut, weil wir ihn brauchen." Dann sagt Herdan gleich noch einmal „geil".

Kurz nach Herdans Vortrag wird in Peter Altmaiers Ministerium der Entwurf einer „Nationalen Wasserstoffstrategie" fertiggestellt. Sie soll den Einsatz des flüchtigen Gases beschleunigen und besteht aus 35 Maßnahmen, mal mehr, mal weniger konkret. Beispielsweise soll ein Förderprogramm dafür sorgen, dass in der Industrie möglichst bald Wasserstoff eingesetzt wird, der mit erneuerbaren Energien produziert wurde. Zudem will man „Reallabore" fördern, die den Einsatz des Moleküls in allen möglichen Bereichen im großen Maßstab testen. Auch der Ausbau des H-Tankstellennetzes ist geplant.

Doch zunächst muss Altmaier mit den Ressorts Umwelt, Forschung und Verkehr um deren Zustimmung ringen. Es geht um entscheidende Details: Svenja Schulze (Umwelt) und Anja Karliczek (Forschung) drängen auf mehr Ökologie, Andreas Scheuers Beamte wollen mithilfe von Wasserstofffahrzeugen endlich die miserable Klimabilanz des Verkehrssektors verbessern. Bis März, so Altmaiers Hoffnung, soll man sich einigen und die Sache im Kabinett verabschieden. Wenn alles gut geht, könnte das Gas in naher Zukunft beim Bahnfahren, in der Industrie und beim Heizen zum Einsatz kommen – um sowohl die Energiewende wie das Klima zu retten.

Wie das geht, wird derzeit an vielen Orten im Kleinen erprobt – in Hamburg wie in Haßfurt. Die unterfränkische Kleinstadt in der Nähe von Schweinfurt glänzt mit Fachwerkhäusern und Zukunftsehrgeiz. Vergangenes Jahr zählte sie zu den Gewinnern des Wettbewerbs Smart City, der bundesweit städtische Digitalstrategien fördert. Doch Haßfurt will mehr, will sich als „Smart *Green* City" profilieren. Und eines der Herzstücke dafür steht im Industriegebiet, in einem schlichten Flachbau gleich neben der örtlichen Malzfabrik: die städtische Wasserstoffanlage.

Stolz führt Norbert Zösch, der Leiter der Haßfurter Stadtwerke, seinen „Elektrolyseur" vor. Man sieht silberne Tanks und Druckmesser, Leitungen und Steuerautomatik, es brummt und dröhnt: Hier wird Wind gespeichert. Denn der Windpark im nahen Sailershäuser Wald und einige Solarzellen erzeugen mehr als doppelt so viel erneuerbare Energie, wie die Haßfurter benötigen. Früher mussten die Räder sogar immer wieder abgeschaltet werden, wenn der Wind besonders stark wehte und das Stromnetz die erzeugte Energie nicht aufnehmen konnte. Idiotisch! Heute schluckt die silbern glänzende Anlage den überschüssigen Windstrom. Vom „Power to Gas"-Prinzip schwärmt Zösch, zu Deutsch: (Wind-)Kraft zu Gas.

Im Prinzip arbeitet die Anlage wie das Elektrolyse-Experiment im Chemie-Unterricht: Fließt Strom durch Wasser, spaltet er die Wassermoleküle in ihre Bestandteile. Am Plus-Pol steigt Sauerstoff (O_2) auf und am Minuspol Wasserstoff (H_2). Der Sauerstoff entweicht in die Atmosphäre, der Wasserstoff lässt sich als Energieträger nutzen. Denn beim umgekehrten chemischen Vorgang – wenn Wasserstoff mit Sauerstoff reagiert, etwa bei einer Verbrennung – wird die Energie wieder frei.

In Haßfurt fließt der Wasserstoff durch leuchtend gelbe Rohre ins Erdgasnetz. Bis zu zehn Prozent Beimischung sind erlaubt. Aus 1,4 Millionen Kilowattstunden Ökostrom macht der sogenannte Elektrolyseur eine Million Kilowattstunden Wasserstoff pro Jahr. Bei Bedarf treibt er ein Blockheizkraftwerk an, das bei Flaute Strom erzeugt. Bundesweit verkauft der Energieversorger Greenpeace Energy, der einen Teil der Investitionssumme von zwei Millionen Euro übernommen hat, die Einspeisung an klimabewusste Kunden als „Windgas".

Allerorten lässt das verheißungsvolle Gas Projekte sprießen: Durch Wuppertal fahren wie in Hamburg ab März Wasserstoffbusse, auch in Bielefeld und Ulm soll es bald soweit sein. Durch das Elbe-Weser-Dreieck rollt seit 2018 der weltweit erste Wasserstoff-Zug im Liniendienst. In Görlitz hat Siemens ein Zentrum eröffnet, in dem Stadtwerke sich Wasserstofftechnik für die kommunale Versorgung anschauen können. In Wörth am Rhein wurde Ende November 2019 der erste Wasserstoff-betriebene Müllwagen vorgestellt. Und zuhauf gibt es Pläne: Bad Lauchstädt bei Leipzig will eine alte Salzkaverne zum Wasserstoffspeicher umwandeln, in Wesseling bei Köln will Shell einen riesigen Elektrolyseur bauen. Klingt das nicht alles verheißungsvoll?

Aber: Diese Hoffnung hat eine lange Geschichte. „Das Wasser ist die Kohle der Zukunft", schrieb der Schriftsteller Jules Verne schon 1874. In den 1890er-Jahren förderte Dänemarks Regierung die Erzeugung von Wasserstoff aus Windkraft. Und der Chemie-Nobelpreisträger Wilhelm Ostwald prophezeite eine Umwälzung der Energieversorgung im Jahr 1894. Durch das gesamte 20. Jahrhundert zog sich ein Wechselspiel aus Euphorie und Ernüchterung, ohne dass es zum Durchbruch dieser Technik kam. Immer wieder erwies sie sich als komplizierter – und teurer – als erhofft; gegen Öl, Gas oder Kohle kam der Wasserstoff nie an.

Steuermittel gab es trotzdem: „500 Millionen Euro für die Förderung der Wasserstoff- und Brennstoffzellentechnologie" kündigte 2006 der damalige deutsche CDU-Verkehrsminister Wolfgang Tiefensee an. Allein in Europa existieren derzeit 150 öffentlich geförderte Wasserstoff-Projekte, weltweit werden jedes Jahr 700 Millionen Steuer-Dollar ausgegeben, schätzt die Internationale Energieagentur IEA.

Warum braucht es da noch eine „Nationale Wasserstoffstrategie"? Spricht man mit Experten, werden immer wieder drei Gründe genannt: die Technik, die Kosten, der Bedarf. Erstens wird dank moderner Technik die Nutzung von Wasserstoff leichter, zweitens wird sie billiger und drittens angesichts der Klimakrise immer nötiger.

Aber Wasserstoff sei keine „eierlegende Wollmilchsau" sagt Brigitte Knopf vom Mercator Research Institute on Global Commons and Climate Change. Sie warnt davor, Steuergeld per Gießkannenprinzip über alle Sektoren zu verteilen, wie Minister Altmaier es plane. Vor einem „gefährlichen Hype" hatten Energieexperten der Boston Cunsulting Group (BCG) um Frank Klose im vergangenen

Sommer gewarnt: Firmen und Steuerzahler liefen Gefahr, mit großen Visionen von der Wasserstoffwirtschaft „Milliarden zu verbrennen".

Heute begrüßt Klose die Strategie der Bundesregierung zwar grundsätzlich, doch die Technologie sei nicht überall sinnvoll. „Sicherlich brauchen" werde man Wasserstoff vor allem „in der chemischen Industrie und der Stahlerzeugung". Ebenfalls für sinnvoll hält er den Einsatz als „synthetischen Kraftstoff" in der Luftfahrt und in der Hochseeschifffahrt, „wo man absehbar auch nicht rein mit Batterien arbeiten kann". Doch dann, sagt Klose, gebe es auch Bereiche, in denen noch nicht klar sei, wie das Rennen zwischen Batterie und Wasserstoff ausgehe, bei „Lastwagen, schweren Sattelschleppern, auch Bussen". An den flächendeckenden Einsatz in normalen PKW glaubt hingegen kaum ein Experte.

Diese Skepsis hat einen einfachen Grund: Bei den vielen Umwandlungsschritten (siehe Grafik [weiter unten]) geht immer wieder Energie verloren. Die „Energieeffizienz" der Wasserstofftechnik ist im Vergleich zu herkömmlichen Energieträgern ungünstig. Bestes Beispiel ist ein Kleinwagen mit Wasserstoff-Brennstoffzelle: Nur ein Drittel der ursprünglichen Energie kommt noch auf die Straße – viel weniger als bei einem batteriegetriebenen Elektroauto mit deutlich mehr als der Hälfte. Auch Brigitte Knopf sieht das sinnvollste Einsatzgebiet für Wasserstoff daher nicht im Individualverkehr, sondern in der Chemie- und Schwerindustrie. Wieso? Das macht ein Besuch in Salzgitter deutlich.
Über Hochöfen und Fabrikhallen kann man hier hinwegfliegen, hinuntersausen, hinein in das Gewirr von Leitungen, sich ganz nah

heranzoomen, bis man jede einzelne Schraube erkennt, und wieder hoch in den Himmel schießen. Man muss dafür nur eine spezielle „Shutter-Brille" aufsetzen und einen dunklen Raum im Forschungszentrum der Salzgitter Flachstahl GmbH südöstlich von Hannover betreten. Dort haben Informatiker das komplette fast 1000 Fußballfelder große Werksgelände des zweitgrößten Stahlproduzenten Deutschlands digital nachgebaut. In virtueller Realität testen sie so neue Ideen, Gebäude und Installationen. Besonders gern landen sie bei ihren Erkundungsflügen auf dem Turm der „Direktreduktionsanlage". Noch gibt es die nicht, aber man würde sie gern bauen. Denn mit ihr und der Hilfe von Wasserstoff soll in der Stahlindustrie die „Dekarbonisierung" gelingen, der Abschied von der Kohle. Dringend nötig wäre das: Jedes Jahr werden weltweit Unmengen an Kohle verbrannt, um Stahl zu produzieren, allein Salzgitter ist für ein Prozent des deutschen CO_2-Ausstoßes verantwortlich.

CO_2-freier Stahl wäre ein gewaltiger Hebel für den Klimaschutz. „Technisch ist es möglich", sagt Alexander Redenius, der Chef des Projekts. Die Konkurrenten Emirate Steel und Nucor Steel in den USA betreiben schon ähnliche Anlagen. Nur Deutschland, das mit Kohle und Stahl reich geworden ist, hinkt hinterher – auch weil bisher die fossilen Energieträger zu billig waren. Doch das ändert sich gerade. Und in Salzgitter weiß man, dass nur CO_2-freie Technik auf Dauer eine Zukunft hat. Darum soll bald der erste der drei Hochöfen durch die Wasserstoffanlage ersetzt werden.

Noch fehlt es allerdings am entscheidenden Element: dem Geld. Ein Ersatz des Hochofens würde 1,2 Milliarden Euro kosten. Und weil man Öko-Stahl noch nicht wie ein Bio-Ei kennzeichnen und mit Aufpreis verkaufen kann, hofft man in Salzgitter auf staatliche Förderung. Schließlich würde die Umstellung helfen, Deutschlands CO_2-Ziele zu erreichen – und zugleich hiesige Industriearbeitsplätze zu sichern.

Auf einer Wiese in der Nähe des Forschungszentrums stehen zwei Container mit Elektrolyseuren. Bald werden weitere gebaut und sieben Windräder dazu. Weil ein Hochofen-Ersatz aber gewaltige Mengen Wasserstoff schlucken dürfte, soll dieser erst einmal mit Hilfe von Erdgas betrieben werden – und nicht allein durch Windkraft. Das katapultiert Salzgitter mitten in die politische Debatte: denn auch Wasserstoff ist nicht automatisch gut fürs Klima. Entscheidend ist seine Herstellung.

Bislang kommt er vor allem aus Kohle und Erdgas. „Grau" nennen ihn die Ingenieure, aus Klimaschutz-Perspektive könnte man auch einfach sagen: dreckig. „Blau" heißt der Wasserstoff, der mit weniger CO_2-Emissionen aus Erdgas hergestellt wird oder als Nebenprodukt in der Chemieindustrie entsteht. Nur der „grüne" Wasserstoff, per Elektrolyse mit Ökostrom erzeugt, ist CO_2-frei. Ihn aber gibt es bislang nur in marginaler Menge. Deswegen will Wirtschaftsminister Altmaier übergangsweise auf blauen Wasserstoff setzen – bis es genug grünen gibt:

Die Bundesregierung muss nun in den kommenden Wochen gleich zwei knifflige Entscheidungen treffen. Erstens: Welche Projekte haben Priorität? Zweitens: Welche Erzeugung soll unterstützt werden, nur grüne oder auch blaue?
Eines ist schon klar. „Wir werden mehr grünen Strom brauchen",

rechnet BCG-Energieexperte Klose vor. „Heute liegt der gesamte Strombedarf in Deutschland bei circa 550 Terrawattstunden [gemeint: Terawattstunden, d. Autor]. Allein für eine fossilfreie Stahlerzeugung auf Basis von grünem Wasserstoff brauchen wir circa 130 Terrawattstunden erneuerbaren Strom." Deshalb ist ein fester Bestandteil aller Visionen der Import des begehrten Elements aus fernen Weltgegenden. Wo die Sonne im Überfluss scheint (etwa in Nordafrika) oder der Wind nimmermüde weht (etwa an der Küste von Chile), soll er aus billigem Ökostrom gewonnen werden. Auch die alten Petrostaaten am Persischen Golf gelten schon als künftige H-Dealer.

Dass die Suche nach weiteren Quellen nicht vorbei ist, lässt sich in Geesthacht beobachten, im Südosten von Schleswig-Holstein. Hier, in einem Forschungszentrum der Helmholtz-Gemeinschaft, spüren Forscher noch einer anderen Wasserstoffstrategie nach: jener von Mutter Natur. Schließlich zerlegt jedes grüne Blatt mithilfe von Sonnenlicht Wasser in seine Bestandteile und speichert den gewonnenen Wasserstoff umgehend in Biomasse. Das wollen die Geesthachter Ingenieure nutzen und ein „künstliches Blatt" erschaffen.

Tatsächlich gelang die Photosynthese mit technischen Mitteln bereits im Jahr 1998 in Colorado: in einem Labor mit aufwendigem Versuchsaufbau. In Geesthacht sucht das Team des Werkstoffforschers Thomas Klassen nach Materialien, die die Sache praxistauglich machen. „Kostengünstig, effizient und beständig" müssten die sein. Klassen ist optimistisch: „Solche Zellen wird man eines Tages einfach in Solarparks aufstellen. Sie werden aus Sonnenlicht und Wasser grünen Wasserstoff erzeugen."

Noch also geht der Zukunftstraum von der sauberen Energie weiter."[13]

Bisher ist die Stahlindustrie „für fünf Prozent der Treibhausgasemissionen in der EU verantwortlich und zählt damit zu den größten Emittenten. Die große Herausforderung: Um das EU-Ziel, bis 2050 klimaneutral zu sein, erreichen zu können, muss sich die Stahlindustrie komplett umkrempeln.

Utopisch? Nein! Wie sie klimaneutral produzieren können, wissen die Beschäftigten und die Betriebe: Das Direktreduktionsverfahren kann Eisenerz mithilfe von Wasserstoff zu Eisenschwamm reduzieren. Dieser wird anschließend im Elektrolichtbogenofen zu Rohstahl verarbeitet. Durch dieses Verfahren lassen sich auf der gesamte[n] Prozesskette bis zu 95 Prozent der CO_2-Emissionen einsparen."[14]

Unter dem Titel „Der Energieträger der Zukunft" mit dem Untertitel „Wasserstoff" und der Erläuterung „Er löst viele Probleme der Energie- und Mobilitätswende. Damit die Technologien und Jobs hierzulande entstehen, muss jetzt investiert werden." schreibt Christoph Böckmann in der Metallzeitung vom April 2020 auf Seite 4f:

---

13 Pinzler, Petra, Oertel, Friederike, Schmitt, Stefan: Das politische Element. In: DIE ZEIT No 8 vom 13. Februar 2020, S. 39f, mit Grafik auf der nächsten Seite. Links zu den Quellen bei ZEIT ONLINE unter zeit.de/wq/2020-08.
14 Böckmann, Christoph: Keine Kohle! In: Metallzeitung. Frankfurt am Main , März 2020, S. 4f.

Vom Ökostrom zum Grüngas

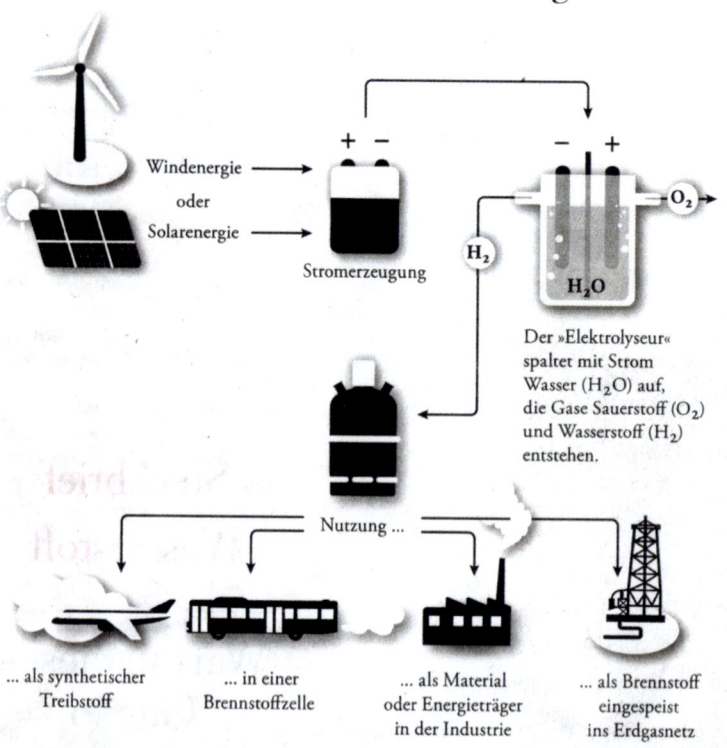

Windenergie oder Solarenergie → Stromerzeugung

Der »Elektrolyseur« spaltet mit Strom Wasser (H_2O) auf, die Gase Sauerstoff (O_2) und Wasserstoff (H_2) entstehen.

Nutzung ...

... als synthetischer Treibstoff

... in einer Brennstoffzelle

... als Material oder Energieträger in der Industrie

... als Brennstoff eingespeist ins Erdgasnetz

Farbenlehre für einen unsichtbaren Stoff

H_2 grauer Wasserstoff
- aus Kohle oder Erdgas hergestellt
- verursacht hohe CO_2-Emissionen

H_2 blauer Wasserstoff
- aus Erdgas hergestellt
- Emissionen trotz CO_2-Abscheidung

H_2 grüner Wasserstoff
- mit Ökostrom hergestellt
- frei von CO_2-Emissionen

ZEIT-Grafik: Neele Jacobi

Um die CO_2-Emissionen „zu reduzieren, ist der Umbau des Energiesystems nötig. Fossile Energieträger müssen weichen. Das gilt auch für die Atomenergie. Denn sie hat sich als teuer und unsicher herausgestellt, auch das Endlagerproblem ist ungelöst. Daraus folgt: Strom und Wärme müssen vollständig aus erneuerbaren Quellen stammen.

Wasserstoff und Brennstoffzelle werden beim künftigen Energiemix eine zentrale Rolle einnehmen und zu einer der Schlüsseltechnologien des 21. Jahrhunderts aufsteigen. Warum? Weil die Umwandlung von regenerativ erzeugtem Strom in Wasserstoff erneuerbare Energien flexibel, speicher- und transportierbar macht.

Wasserstoff kann zur Energieerzeugung mit Brennstoffzellen und als Rohstoff in allen wesentlichen Energieverbrauchssektoren, von der Mobilität über die industrielle Nutzung bis hin zur Wärme- und Stromerzeugung für Gebäude, als treibhausgasfreier Energielieferant genutzt werden. Und das auch im Rahmen bereits bestehender Infrastruktur. Ein großer Pluspunkt: Wasserstoff kann Anwendungsbereiche dekarbonisieren, für die sonst keine realistischen Technologiealternativen zur Verfügung stehen – beispielsweise im Schiff-, Flug- und Schwerlastverkehr, bei der industriellen Energie- und Rohstoffnutzung sowie in Teilen des Wärmesektors.

Viele wirtschaftliche Sektoren werden den Rohstoff und die dazugehörigen Technologien also stark nachfragen. Schon 2030 könnten deutsche Betriebe rund 44 Milliarden Euro Umsatz im Bereich Wasserstoff und Brennstoffzellen erzielen und so 70000 Arbeitsplätze schaffen. Das prognostizieren der deutsche und der europäische Wasserstoffverband sowie die Unternehmensberatung Roland Berger. Profitieren können auch die konventionellen Kraftwerksbauer, denn sie sind bereits stark in der Wasserstofftechnologie engagiert. So können auch Arbeitsplätze erhalten werden."[15]

Unter der Rubrik „Umweltfreundliche Energie" brachten die heutigen Nachrichten (10. Juni 2020) im Deutschlandfunk:
„Deutschland soll Vorreiter bei Wasserstoffproduktion werden" mit folgendem Wortlaut:
„Deutschland soll nach dem Willen der Bundesregierung eine Führungsrolle bei der Produktion von Wasserstoff als klimafreundlichem Energieträger übernehmen.

Das Kabinett verabschiedete dazu eine Strategie im Umfang von neun Milliarden Euro aus dem Konjunkturpaket zur Coronakrise – zusätzlich zu bereits laufenden Förderprogrammen. Ziel sei es, Deutschland weltweit zur Nummer eins bei dieser Technologie zu machen. Bundeswirtschaftsminister Altmaier erklärte, Wasserstoff werde ein Schlüsselrohstoff für eine erfolgreiche Energiewende sein. Bundesumweltministerin Schulze erwartet nach eigenen Worten von der neuen Wasserstoffstrategie einen „doppelten Schub", für den Klimaschutz und für eine nachhaltige Erholung der deutschen Wirtschaft nach der Coronakrise. Dieser Effekt könnte nach ihren Worten vor allem in der Stahlindustrie oder im Flugverkehr zum Tragen kommen.

Im Zentrum des Vorhabens steht sogenannter „grüner" Wasserstoff, der ausschließlich mit erneuerbaren Energien gewonnen

---

15 Böckmann, Christoph: Der Energieträger der Zukunft. In: Metallzeitung. Frankfurt am Main , April 2020, S. 4f.

wird und als Basis für Kraft- und Brennstoffe dienen kann."[16]

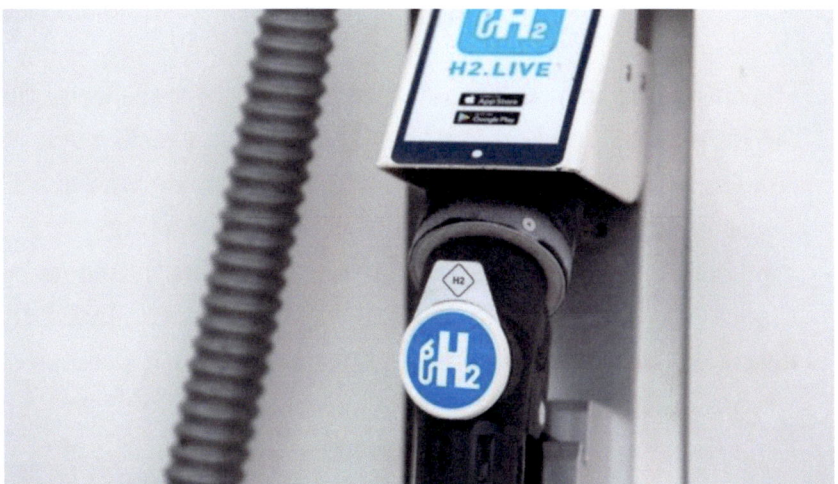

Zapfventil an der Zapfsäule einer Wasserstofftankstelle in Dresden (dpa/Sebastian Kahnert)

Die Anzahl dieser Wasserstofftankstellen ist noch sehr gering, soll aber im Laufe der nächsten Zeit erhöht werden. Wer also heute ein Brennstoffzellen-Fahrzeug kauft, muss öfter Umwege zur Tankstelle zurücklegen. Vergleiche dazu den Artikel „Umweg nach vorn" von Stefan Schmitt in der Wochenzeitung DIE ZEIT No 10 vom 27. Februar 2020, S. 34.[17]

---

16 https://www.deutschlandfunk.de/umweltfreundliche-energie-deutschland-soll-vorreiter-bei.1939.de.html?drn:news_id=1139720, mit Abbildung. Coronakrise: Von Coronaviren ausgelöste Pandemie, die sich seit Dezember 2019 ausgehend von Wuhan in China weltweit ausgebreitet hat. Die Weltwirtschaft wurde dadurch stark beeinträchtigt.
17 Schmitt, Stefan: Umweg nach vorn. In: DIE ZEIT No 10 vom 27. Februar 2020, S. 34.

2. Wasserstoffgewinnung

Die chemische Industrie benötigt Wasserstoff beispielsweise für die Herstellung von Stickstoffdünger oder beim Cracken von Kohlenwasserstoffen in Erdölraffinerien. Außerdem wird er als Zwischenstufe bei chemischen Verfahren zur Herstellung von synthetischen Kraftstoffen wie Gas-to-Liquid (GtL), Coal-to-Liquid (CtL) und Biomass-to-Liquid (BtL) gebraucht. Inzwischen nimmt die Bedeutung der erneuerbaren Energien zu. Dadurch werden Energiespeicher notwendig, damit Produktions- und Bedarfszeiten aufeinander abgestimmt werden können. Eine Option zur Stromspeicherung ist die Elektrolyse von Wasser zu den Gasen Wasserstoff und Sauerstoff (O_2), die gespeichert und später wieder in Brennstoffzellen verstromt werden könnten. Im kleinen Rahmen der Wasserstoffwirtschaft wird der Wasserstoff auch direkt genutzt. Die Gewinnung von molekularem Wasserstoff spielt auch für den Einsatz in der Medizin und der Gesundheitsvorsorge eine Rolle.

„Auf Wasserspaltung basierende Herstellungsverfahren können Wasserstoff CO_2-frei produzieren, wenn sie mit klimaneutralem Strom betrieben werden. So produzierter Wasserstoff wird zuweilen "grüner Wasserstoff" genannt. Die großtechnische Umsetzung solcher Verfahren wird oft als eine Schlüsseltechnologie zur Bekämpfung des Klimawandels betrachtet."[18]

---

[18] https://de.wikipedia.org/wiki/Wasserstoffherstellung#Einsatz_von_Wasserstoff; siehe auch: Grüner Wasserstoff als Klimaschützer: Der Sauberstoff auf spiegel.de abgerufen am 2. Januar 2020.

Bisher wurden Wasserstoffherstellungsverfahren im industriellen Maßstab verwendet, die Kohlenwasserstoffe nutzen. Diese Erzeugung von molekularem Wasserstoff erzeugt CO und CO_2, so dass „grauer" Wasserstoff entsteht.

„Bei der Verwendung von Kohlenwasserstoffen, aber auch Kohle und Biomasse, liefert der Rohstoff die für den Prozess notwendige Energie. Auch der Wasserstoff kann teilweise bereits im Rohstoff gebunden vorliegen oder wird in Form von Wasser hinzugefügt. Eine Ausnahme ist das Kværner-Verfahren, bei dem die benötigte Energie hauptsächlich von außen zugeführt wird.

Dampfreformierung

[...]Bei der Dampfreformierung wird aus Kohlenwasserstoffen in zwei Prozessschritten Wasserstoff erzeugt. Als Rohstoffe können verwendet werden: Erdgas, Biomasse, aber auch langkettigere Kohlenwasserstoffe aus Erdöl wie etwa die Mittelbenzinfraktion. Dieses Verfahren ist etabliert und wird in Anlagen mit Kapazitäten von bis zu 100.000 m^3/h umgesetzt.

Im ersten Schritt werden langkettige Kohlenwasserstoffe in einem Pre-Reformer unter Zugabe von Wasserdampf bei einer Temperatur von etwa 450–500 °C und einem Druck von etwa 25–30 bar zu Methan, Wasserstoff, Kohlenstoffmonoxid sowie Kohlenstoffdioxid aufgespalten. Diese Vorstufe vermeidet eine zu starke Verkokung des Reformerkatalysators. Im zweiten Schritt wird im Reformer das Methan bei einer Temperatur von 800 bis 900 °C und einem Druck von etwa 25–30 bar an einem Nickelkatalysator mit Wasser zu Kohlenstoffmonoxid und Wasserstoff umgesetzt. Dem zweiten Schritt ist in der Regel eine Raffinationsanlage zur

Gasaufbereitung vorgeschaltet, da Katalysatoren äußerst empfindlich auf Schwefel- und Halogenverbindungen, insbesondere Chlor (*Katalysatorgifte*), reagieren.

Das durch unvollständige Umsetzung erzeugte Zwischenprodukt Kohlenstoffmonoxid wird anschließend noch mit Hilfe der Wassergas-Shift-Reaktion an einem Eisen(III)-oxidkatalysator zu Kohlenstoffdioxid und Wasserstoff umgesetzt. Um im abschliessenden Schritt Reinstwasserstoff zu gewinnen, nutzt man in der Praxis häufig Druckwechsel-Adsorptionsanlagen oder Lauge-Absorptionsgaswäschen, die Nebenprodukte wie CO, CO_2 und CH_4 bis auf einige wenige ppm herausfiltern.

Die Dampfreformierung ist die wirtschaftlichste und am weitesten verbreitete (~90 %) Methode, Wasserstoff zu erzeugen. Aufgrund der Verwendung fossiler Energieträger wird dabei aber genauso viel von dem Treibhausgas Kohlenstoffdioxid CO_2 freigesetzt wie bei deren Verbrennung. Durch Verwendung von Biomasse kann die Klimabilanz verbessert werden, da dann nur das Kohlenstoffdioxid freigesetzt wird, das die Pflanzen zuvor beim Wachsen aus der Atmosphäre aufgenommen haben.

Partielle Oxidation

[...]Bei der partiellen Oxidation wird der Rohstoff, wie Erdgas oder ein schwerer Kohlenwasserstoff (Heizöl), substöchiometrisch – also unter Sauerstoffmangel – in einem exothermen Prozess umgesetzt. Reaktionsprodukte sind vor allem Wasserstoff und Kohlenstoffmonoxid […].

Meist wird noch Wasser zugesetzt, um sowohl die extremen Temperaturen als auch die Rußbildung in den Griff zu bekommen, sodass man von einer autothermen Reformierung mit wenig Wasser sprechen müsste. Die partielle Oxidation gilt als technisch ausgereift.

In kohlereichen Ländern wie China oder Südafrika kann als Ausgangsstoff für dieses Verfahren auch Kohle genutzt werden, die vorher zermahlen und mit Wasser zu einer Suspension vermischt wird.

Autotherme Reformierung

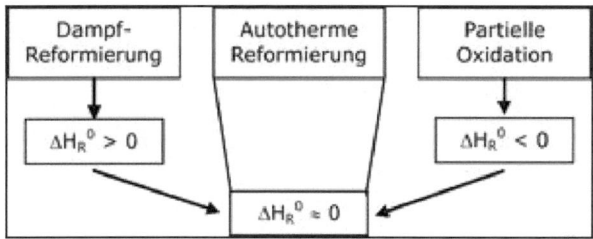

Die autotherme Reformierung ist eine Kombination aus Dampfreformierung und partieller Oxidation, durch die der Wirkungsgrad optimiert wird. Dabei kann beispielsweise Methanol wie auch jeder andere Kohlenwasserstoff beziehungsweise jedes Kohlenwasserstoffgemisch (Erdgas, Benzin, Diesel usw.) verwendet werden. Die beiden Verfahren werden so miteinander kombiniert, dass sich der Vorteil der Oxidation (Bereitstellung von Wärmeenergie) mit dem Vorteil der Dampfreformierung (höhere Wasserstoffausbeute) optimierend ergänzt. Dies geschieht durch genaue Dosierung der Luft- und Wasserdampfzufuhr. An die hier eingesetzten Katalysatoren werden besonders hohe Ansprüche gestellt, da sie sowohl die Dampfreformierung mit der Wassergas-Shift-Reaktion als auch die partielle Oxidation begünstigen müssen.

Gasaufarbeitung

Enthält das Produkt Anteile von CO, so kann die Wasserstoffausbeute noch gesteigert werden. Nach der Reformierung wird das Synthesegas weiter aufgearbeitet. Es folgt in einem nächsten Schritt die CO-Konvertierung mittels der Wassergas-Shift-Reaktion. Gefolgt von einer gegebenenfalls erforderlichen CO-Feinreinigung mittels präferentieller Oxidation oder selektiver Methanisierung wird CO chemisch umgesetzt oder physikalisch durch Druckwechsel-Adsorption oder eine wasserstoffpermeable Membran aus einer Palladium-Silber-Legierung (PdAg) abgetrennt. Großtechnisch besteht auch die Möglichkeit, CO_2 und H_2S (Schwefelwasserstoff) mit Methanol (Rectisolverfahren) auszuwaschen.

Kværner-Verfahren

[...]Das von dem norwegischen Unternehmen Kværner entwickelte Verfahren trennt Kohlenwasserstoffe in einem Plasmabrenner bei 1600 °C vollständig in Aktivkohle (reinen Kohlenstoff) und Wasserstoff.

Eine 1992 in Kanada erbaute Pilotanlage erreichte einen Wirkungsgrad von nahezu 100 %, wovon etwa 48 % in Wasserstoff, etwa 40 % in Aktivkohle und etwa 10 % in Heißdampf übergehen.[19]

---

19 Ebenda.

Wie bereits angedeutet, kann auch **Biomasse** in den etablierten Verfahren eingesetzt werden. In diesem Fall wird soviel CO_2 freigesetzt, wie zuvor von den Pflanzen aufgenommen wurde, so dass in diesem Fall die Wasserstofferzeugung klimaneutral bleibt. Der so erzeugte Wasserstoff wird als „blau" bezeichnet, wie auch die Mischung obiger Verfahren mit Wasserspaltung mit erneuerbaren Energien. „Allerdings steht die Herstellung von Wasserstoff aus Biomasse neben der direkten energetischen Nutzung von Biomasse (bsw. durch Hackschnitzel) auch in Konkurrenz zur Biomasseverflüssigung. Die so gewonnenen flüssigen Kraftstoffe haben als Energieträger eine höhere Energiedichte als Wasserstoff und sind einfacher handhabbar."[20]

Wenn wir uns allerdings auf die **Wasserspaltung** mit erneuerbarer Energie konzentrieren, entsteht „grüner" Wasserstoff. Bei seiner Erzeugung wird kein CO_2 frei. Produzieren Windräder überschüssigen Strom, der in der heutigen Situation vom Netz nicht aufgenommen werden kann, müssten sie nicht etwa abgeschaltet werden, sondern könnten zur Wasserstofferzeugung per Elektrolyse genutzt werden, wie das Beispiel der Kommune Haßfurt im ersten Kapitel zeigt. Diesen Wasserstoff kann man in Kavernen zwischenspeichern bis zur nächsten Windflaute, in der man ihn zur Stromerzeugung in Brennstoffzellen nutzen kann. Hierbei wird nur Wasserdampf erzeugt, kein CO_2. Auf der folgenden Seite wird der **Hoffmannsche Zersetzungsapparat** gezeigt. „H_2 und O_2 verhalten sich weitgehend wie ideale Gase. Damit haben die gemessenen Gasvolumina H_2 zu O_2 das Verhältnis 2:1 und folgen

---

20 Ebenda. Siehe auch: Ulf Bossel, Theorie und Praxis, April 2006: *Wasserstoff löst keine Energieprobleme*, aufgerufen am 24. September 2014

der Stöchiometrie der Elektrolyse. Die Gasvolumina sind proportional zum elektrischen Strom, der über die Zeit des Messung geflossen ist. Die Volumina sind also proportional zur elektrischen Ladung."[21]

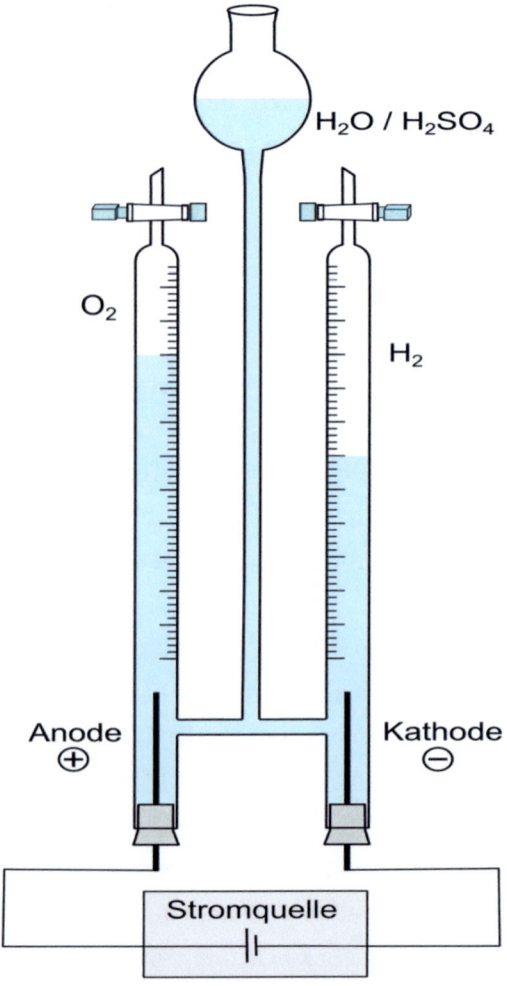

---

21 https://de.wikipedia.org/wiki/Wasserelektrolyse#/media/Datei:Hoffmannscher_Zersetzugs-app.svg, mit Abbildung.

„Unter **Wasserelektrolyse** versteht man die Zerlegung von Wasser in Wasserstoff und Sauerstoff mit Hilfe eines elektrischen Stromes. Die wichtigste Anwendung dieser Elektrolyse ist die Gewinnung von Wasserstoff, die allerdings bisher technisch nur genutzt wird, wenn günstige elektrische Energie zur Verfügung steht, da bisher die Wasserstoffgewinnung aus fossilen Energieträgern günstiger ist als die Herstellung von Wasserstoff mittels Wasserelektrolyse.

Durch den starken Ausbau der Nutzung von erneuerbaren Energien wird davon ausgegangen, dass die Wasserelektrolyse als Bestandteil von Power-to-Gas-Anlagen mittel- bis langfristig eine große Bedeutung zur Herstellung von Synthesegas erreichen wird. Mit Wasserstoff als Energiespeicher wird die Verstetigung der Stromerzeugung aus erneuerbaren Energien, insbesondere bei Windkraft und Photovoltaik, gefördert, indem Überschüsse von Wind- und Solarstrom chemisch zwischengespeichert werden können. Der erzeugte Wasserstoff kann für chemische Prozesse genutzt oder direkt oder nach anschließender Methanisierung als Methan dem Erdgasnetz zugeführt werden. Anschließend steht er für verschiedene Anwendungszwecke wie z. B. als Rohstoff für die chemische Industrie (Power-to-Chemicals), als Antriebsenergie von Fahrzeugen, Schiffen und Flugzeugen (Power-to-Fuel) oder für die Rückverstromung in Gaskraftwerken oder Brennstoffzellen zur Verfügung."[22]

---

22 https://de.wikipedia.org/wiki/Wasserelektrolyse. Siehe auch: Volker Quaschning, *Regenerative Energiesysteme. Technologie – Berechnung – Simulation.* 9. aktualisierte Auflage. München 2015, S. 54f

„Das Verfahren ergibt energiewirtschaftlich nur dann einen Sinn, wenn auch der erzeugte reine Sauerstoff verwendet werden kann und nicht einfach an die Luft abgegeben wird. Der energetische Wirkungsgrad der Elektrolyse von Wasser liegt bei über 70 %. Mehrere Anlagenhersteller (z. B. Electrolyser Corp., Brown Boveri, Lurgi, De Nora, Epoch Energy Technology Corp.) bieten große Elektrolysegeräte mit einem noch höheren Wirkungsgrad (über 80 %) an. Wissenschaftler des MIT haben einen Katalysator entwickelt, der die Effizienz der Elektrolyse von Wasser auf nahezu 100 % steigern soll."[23]

„Ein Verfahrenstyp ist die alkalische Elektrolyse, die wegen der niedrigen Strompreise von Wasserkraftwerken als Energielieferanten vor allem in Norwegen und Island genutzt wird.

Anders als bei der Verwendung von fossilen Energieträgern wird bei der Elektrolyse kein CO_2 freigesetzt. Dies gilt allerdings nur, wenn der verwendete Strom nicht aus fossilen Energieträgern erzeugt wurde. Bei der Wasserstoffherstellung, -speicherung und anschließenden Rückverstromung lag der Wirkungsgrad 2013 bei maximal 43 %. [...] Es wird davon ausgegangen, dass perspektivisch elektrische Gesamtwirkungsgrade von maximal 49 bis 55 % erreicht werden können."[24]

---

23 https://de.wikipedia.org/wiki/Wasserstoffherstellung #Einsatz_von _Wasserstoff. Siehe auch: *MIT claims 24/7 solar power*, vom 31. Juli 2008, abgerufen am 19. Oktober 2011
24 Dan Gao, Dongfang Jiang, Pei Liu, Zheng Li, Sangao Hu, Hong Xu, *An integrated energy storage system based on hydrogen storage: Process configuration and case studies with wind power*. Energy 66 (2014) 332-341 doi:10.1016/j.energy.2014.01.095

Wie bereits im ersten Kapitel angedeutet, spielt der Wirkungsgrad von Wasserstofferzeugung und Rückverstromung eine eher marginale Bedeutung. Denn unser Globus wird von der Sonne dermaßen reichlich mit Energie beschenkt, dass wenige Wüstenregionen in Südspanien oder Nordafrika ausreichen, um erneuerbare Energie zu erzeugen und aus dem Überschuss günstig Wasserstoff zu produzieren. Ein erstes Partnerland für Europa ist Marokko. Dort ist die Entwicklung bereits weit fortgeschritten. Bedingt durch die Coronakrise hat es schon Fälle gegeben, dass Erdöl mit Verlust abgegeben wurde: Die fallende Nachfrage hat dazu geführt, das einige Anbieter Geld geboten haben, um ihr Öl loszuwerden. Die Europäischen Regierungen haben nun die Gelegenheit erkannt und arbeiten zielstrebig am Wiederaufbau der Wirtschaft unter verstärkter Nutzung erneuerbarer Energien und dem Ausbau der Wasserstoffwirtschaft. *Wasserstofffabrik von Praxair, USA:*

[25]

---

[25] https://de.wikipedia.org/wiki/Wasserstoffherstellung#/media/Datei:Photo_praxair_plant.hydrogen.infrastructure.jpg

3. Nutzungsmöglichkeiten von Wasserstoff

Der Ausbau einer **Wasserstoffwirtschaft** sieht eine Energiewirtschaft vor, „die hauptsächlich oder ausschließlich Wasserstoff als Energieträger verwendet. Bisher wurde eine Wasserstoffwirtschaft in keinem Land der Erde verwirklicht.

Wasserstoff ist zwar chemisch gesehen ein Primärenergieträger, in der Natur jedoch praktisch nicht in freier Form vorhanden, sondern muss erst mit Hilfe anderer Energiequellen (fossile Energie, Kernenergie oder erneuerbare Energien) gewonnen werden. Damit ist eine Wasserstoffwirtschaft nicht automatisch nachhaltig, sondern nur so nachhaltig wie die Primärenergien, mit denen der Wasserstoff gewonnen wird.[...] Derzeit geschieht die Gewinnung von Wasserstoff primär auf Basis fossiler Energieträger wie dem in Erdgas enthaltenen Methan. Konzepte für zukünftige Wasserstoffwirtschaften sehen zumeist die Wasserstoffgewinnung aus erneuerbaren Energien vor, womit eine solche Wasserstoffwirtschaft emissionsfrei sein könnte.

Während eine klassische Wasserstoffwirtschaft bisher in keinem Staat der Erde angestrebt wird, existieren Planungen, im Rahmen der Energiewende und des Ausbaus von erneuerbaren Energien Wasserstoff oder aus Wasserstoff gewonnene Brennstoffe wie Methan oder Methanol verstärkt in die bisherige Energieinfrastruktur einzubinden."[26]

---

26 https://de.wikipedia.org/wiki/Wasserstoffwirtschaft#Geschichte.

Welche Voraussetzungen bestehen, um Wasserstoff zu **speichern** und zu **verteilen**? Welche Möglichkeiten bestehen bisher dafür?

„In einer voll ausgebauten Infrastruktur mit entsprechenden Abnahmemengen könnte eine Verteilung über Pipelines deutlich energieeffizienter und kostengünstiger sein. Dazu könnte ein Großteil des bereits bestehenden Erdgasnetzes verwendet werden. [...] Das Erdgasnetz ist für die Aufnahme von Wasserstoff geeignet.[...] Vor der Umstellung auf Erdgas wurden die deutschen Gasnetze mit Stadtgas betrieben, das zu 51 % aus Wasserstoff bestand. Der Energietransport über ein Gasnetzwerk erfolgt mit wesentlich weniger Verlusten (< 0,1 %) als bei einem Stromnetzwerk (8 %).[...] Bei reinem Wasserstoff gibt es prinzipiell das Problem der Wasserstoffversprödung, weil Wasserstoff in atomarer Form leicht in die Kristallstruktur der meisten Metalle migrieren kann und daher erhöhte Anforderungen an die Dichtigkeit bestehen.[...] Die Speicherkapazität des deutschen Erdgasnetzes liegt bei mehr als 200.000 GWh und kann den Energiebedarf mehrerer Monate zwischenspeichern.[...] Zum Vergleich: die Kapazität aller deutschen Pumpspeicherkraftwerke beträgt dagegen nur 40 GWh. Das Ministerium für Umwelt, Naturschutz und Verkehr des Landes Baden-Württemberg will künftig (Stand 2011) den Ausbau einer Wasserstoff-Infrastruktur unterstützen.[...] Es gibt zudem praktische Erfahrungen mit Wasserstoffleitungen:

- Im Ruhrgebiet wird seit Jahrzehnten ein über 240 km langes Wasserstoffnetz betrieben.
- In Sachsen-Anhalt besteht ein 90 km langes, gut ausgebautes Wasserstoff-Pipeline-System der Linde-Gas AG in einer Region mit starker industrieller Gasnachfrage

zwischen Rodleben-Bitterfeld-Leuna-Zeitz.[...]
- Weltweit existierten 2010 mehr als tausend Kilometer Wasserstoffleitungen.[...] Air Liquide betreibt 12 Pipeline-Netze mit einer Gesamtlänge von 1200 km.[...]

Probleme gibt es noch mit der Langzeitspeicherung. So verflüchtigt sich ein Teil des Wasserstoffes aus den Kryotanks, wenn kein kontinuierlicher Verbrauch gesichert ist. Beispielsweise begann die Ausgasung beim BMW Hydrogen 7 mit Flüssigwasserstofftank nach 17 Stunden Standzeit, nach neun Tagen war ein halbvoller Tank verdampft."[27]

Wie können wir Wasserstoff energetisch nutzen?

„Wichtigstes Element der Nutzung von Wasserstoff ist die Brennstoffzelle. Sie wandelt die im Wasserstoff enthaltene Energie in Wärme und Elektrizität um.

Nutzung im Haus

[...]Bei der häuslichen Stromerzeugung mittels Brennstoffzelle kann wie bei der Blockheizkraftwerktechnik auch eine Kraft-Wärme-Kopplung realisiert werden, die den Gesamtwirkungsgrad steigert. Da bei dieser Betriebsweise die Wärmeproduktion im Vordergrund steht, werden diese Systeme nach dem Wärmebedarf gesteuert, wobei der erzeugte überschüssige elektrische Strom in das öffentliche Stromnetz eingespeist wird.

---

[27] https://de.wikipedia.org/wiki/Wasserstoffwirtschaft#Speicherung_und_Verteilung_von_Wasserstoff. Quellen und weiterführende Literatur befinden sich unter obiger Adressangabe im Literaturverzeichnis.

Vaillant hat ein Brennstoffzellenheizgerät entwickelt, das über einen Reformer auch mit Erdgas betrieben werden kann.[...]

Der theoretisch erreichbare brennwertbezogene Wirkungsgrad liegt bei ca. 83 %.[...] Bezieht man den Wirkungsgrad, wie bei Wärmekraftwerken und Verbrennungsmotoren üblich auf den Heizwert, ergibt sich ein theoretisch maximaler Wirkungsgrad von ca. 98 %. Die angegebenen Systemwirkungsgrade liegen je nach Brennstoffzellentyp zwischen 40 % und 65 %, wobei unklar ist, ob diese brennwert- oder heizwertbezogen sind.[...]

Nutzung im Verkehr

Ein mit Wasserstoff angetriebenes Fahrzeug besitzt i. A. einen Drucktank (z. B. 700 bar), der an einer Wasserstofftankstelle aufgetankt werden kann. Im Mai 2000 stellte BMW in Berlin die erste Serie von 15 Exemplaren eines Wasserstoffautos mit der Typenbezeichnung 750hL vor.[...] Als Methoden der Krafterzeugung ist entweder ein weitgehend herkömmlicher Verbrennungsmotor möglich, ähnlich dem Fahren mit Erdgas, oder eine „kalte Verbrennung" in einer Brennstoffzelle. Im Brennstoffzellenfahrzeug wird mit der Brennstoffzelle elektrischer Strom erzeugt, der einen Elektromotor antreibt.

Verbrennungsmotor

Als brennbares Gas kann Wasserstoff in einem Verbrennungsmotor („Wasserstoffverbrennungsmotor"), ähnlich wie bei Erdgasbetriebenen Kfz, verbrannt werden. Ein Beispiel dieser Anwendung war der BMW Hydrogen 7. BMW-Entwicklungsvorstand

Klaus Draeger teilte jedoch Ende 2009 mit, es werde vorerst keine neue Wasserstofftestflotte geben.[...]

Brennstoffzelle
Im Brennstoffzellenfahrzeug wird mit der Brennstoffzelle elektrischer Strom erzeugt, der einen Elektromotor antreibt.

Auch in Bussen wird die Wasserstofftechnik erprobt. Die Wasserstoffbusse aus dem Jahr 2009 erreichten mit 35 kg Wasserstoff eine Reichweite von rund 250 km.[...] Es gibt inzwischen einige Busse, z. B. den Mercedes-Benz Citaro FuelCELL-Hybrid, die mit Brennstoffzellen arbeiten.

Brennstoffzellen-Autos sind wesentlich teurer als Elektro-Autos. Ein solches Fahrzeug wird nach Aussage von Fritz Henderson (CEO von General Motors) rund 400.000 $ kosten (Stand: 2009). [...] Die Fahrzeughersteller Toyota, Nissan, Mercedes-Benz und Honda haben nach eigenen Angaben die Produktionskosten für wasserstoffgetriebene Fahrzeuge inzwischen drastisch reduziert. (Der Toyota Mirai beispielsweise ist in Deutschland für knapp 80.000 € erwerbbar.) Toyota produziert H_2-Autos in Kleinserie und setzt im großen Stil auf die Brennstoffzelle.[...]

Mit dem Mercedes B-Klasse F-Cell sowie zwei Vorserienfahrzeugen des Hyundai ix35 Fuel Cell Electric Vehicle (FCEV) wurden Reichweiten von 500 km bei Maximalgeschwindigkeiten von 80 km/h erreicht.[...] Um die Alltagstauglichkeit des Wasserstoffantriebes nachzuweisen, hat Daimler eine „Weltumrundung" mit mehreren Brennstoffzellenfahrzeugen der B-Klasse erfolgreich abgeschlossen. 200 Serienfahrzeuge dieses Typs wurden 2010 an Kunden ausgeliefert.[...]

Mit der Technik des Hydrail seit 2005 sind auch die Schienenfahrzeuge in den Blickwinkel gekommen.[...] Als eine der ersten Firmen nahm die Japanische East Railroad Company zu Testzwecken eine Hybrid-Lok in Betrieb.[...] Ende 2017 wurden in Niedersachsen 14 Züge mit Brennstoffzellen-Antrieb beim Hersteller Alstom bestellt.[…]

Die Schweizerischen Bundesbahnen SBB führt seit Frühjahr 2014 in ihren rollenden Minibars mit Wasserstoff betriebene Brennstoffzellen ein, um genug Energievorrat für die eingebaute Espressomaschine unterwegs zu haben, die jetzt unterwegs auch den Fahrgästen Cappuccino bieten kann. Die bisher verwendeten üblichen Akkumulatoren wären für diese energieaufwendige Aufgabe zu schwer gewesen.[...]"[28]

Wie wirkt sich Wasserstoffwirtschaft auf Umwelt- und Klimaschutz aus?

„Die Nutzung von erneuerbaren Energien ist oft klimaneutral und emissionsfrei. Bei Nutzung von **Biomasse und Holzverbrennung** können jedoch Schadstoffe entstehen. Zusätzlich können auch bei der Vergasung zu Wasserstoff oder bei der Nutzung des Wasserstoffs Luftschadstoffe entstehen, zum Beispiel Stickoxide bei magerer Verbrennung. Der Aufwand für Anbau, Gewinnung und Verarbeitung der Biomasse muss bei einer ökologischen Betrachtung berücksichtigt werden, sowie der Wirkungsgrad der Anlage bezogen auf den (theoretisch) maximalen Wirkungsgrad des jeweiligen Prozesses. Die Nutzung der Biomasse kann den Treib-

---

28 https://de.wikipedia.org/wiki/Wasserstoffwirtschaft#Energetische_Nutzung_des_Wasserstoffs. Quellen und weiterführende Literatur befinden sich unter obiger Adressangabe im Literaturverzeichnis.

hauseffekt zusätzlich reduzieren: Entsteht bei der Herstellung von Wasserstoff CO_2 in konzentrierter Form, so kann dies im Untergrund gespeichert werden und dem Ökosystem so entzogen werden.

Die Einarbeitung von Bio-Koks in den Acker, das entsteht wenn man die Vergasung entsprechend steuert, kann den Acker fruchtbarer machen und ist als Terra preta bekannt.

2003 befürchteten Wissenschaftler des California Institute of Technology in Pasadena aufgrund von Simulationen, dass eine umfassende Wasserstoffwirtschaft rund 100 Million Tonnen Wasserstoff in die Atmosphäre freisetzen und damit die Ozonschicht schädigen könnte.[...]

Nach neueren wissenschaftlichen Untersuchungen des Forschungszentrums Jülich im Jahr 2010 wird dieser Effekt bei realistischen Annahmen aber verschwindend gering sein. Der positive Effekt durch Verzicht auf fossile Energieträger überwiegt. Ursprünglich wurde davon ausgegangen, dass ca. 20 % des Wasserstoffes in die Atmosphäre entweicht. Aufgrund der technologischen Entwicklung wird aber heute davon ausgegangen, dass weniger als 2 % entweichen. Hinzu kommt, dass der Wasserstoff seine volle Ozon schädigende Wirkung nur im Beisein von FCKW entfaltet. Mit dem Rückgang des FCKW in den nächsten Jahren wird der Wiederaufbau der Ozonschicht überwiegen.[...]"[29]

---

29 Ebenda. Siehe auch: Wasserstoff als Ozonkiller? (Quelle: Umweltdialog.de Mediengruppe macondo Stand: 30. September 2003). Wasserstoff ist keine Gefahr für die Ozonschicht (Quelle: Energie Agentur NRW Stand: 25. Februar 2010)

Wie groß sind die **Unfallrisiken** in einer Wasserstoffwirtschaft?

„Wasserstoff ist, wie z. B. Benzin oder Erdgas, hochentzündlich. Bei technischen Anlagen müssen die spezifischen Eigenschaften des Wasserstoffs berücksichtigt werden. Die chemische Industrie nutzt Wasserstoff seit über hundert Jahren in großen Mengen, sodass hinreichende Erfahrungen im Umgang mit Wasserstoff bestehen.[...]

Wasserstoff ist wegen der geringen Dichte ein sehr flüchtiges Gas. Im Freien kann es sich sehr schnell in höhere Luftschichten verflüchtigen.[…] Allerdings sind auch reale Unfälle bekannt, in denen sich entzündliche Wasserstoffgemische am Boden ansammelten, denn Sauerstoff/Wasserstoff-Gemische mit einem Anteil von unter 10,5 Volumenprozent Wasserstoff sind schwerer als Luft und sinken zu Boden. Die Entmischung erfolgt nicht unmittelbar, [...] sodass bis zur Unterschreitung der 4-Volumenprozent-Grenze die Zündfähigkeit erhalten bleibt. Beim Umgang mit Wasserstoff müssen Sicherheitsvorschriften und Entlüftungsanlagen dieses Verhalten berücksichtigen.

Die heute verwendeten Drucktanks halten (im Gegensatz zu Benzintanks) auch schwere Unfälle unbeschadet aus.[...] Wasserstofffahrzeuge mit Drucktanks können problemlos in Parkhäusern und Tiefgaragen geparkt werden. Es existiert keine gesetzliche Bestimmung, die das einschränkt.

Im Gegensatz dazu dürfen Fahrzeuge mit Flüssigwasserstoff nicht in geschlossenen Räumen abgestellt werden, da sich durch das Ausgasen explosive Gasansammlungen bilden können."[30]

---

30 Ebenda. Quellen und weiterführende Literatur befinden sich unter obiger Adressangabe im Literaturverzeichnis.

4. Verdrängung fossiler Rohstoffe

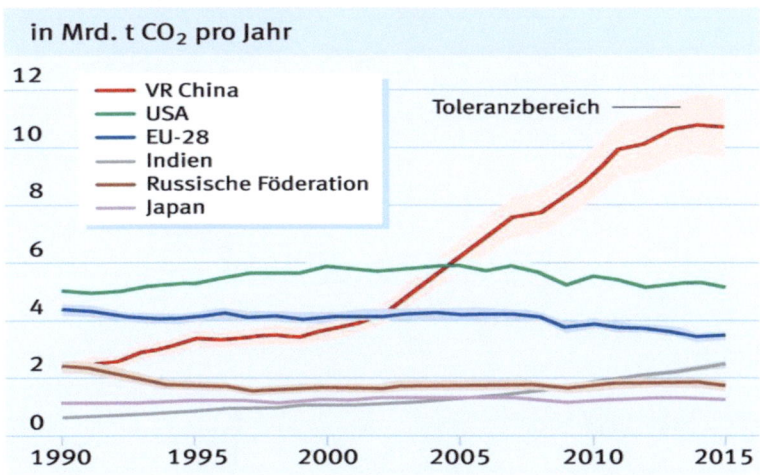

Quelle: Emissions Database for Global Atmospheric Research 2017

CO_2 ist dasjenige Gas, „das am meisten zur Klimaerwärmung beiträgt. Wenn wir nur den anthropogenen Treibhauseffekt betrachten, so trägt CO_2 55% dazu bei, CH_4 17%, troposphärisches Ozon 14%, FCKW/HFCKW 9% und N_2O 5%. Auf der folgenden Seite veranschaulicht ein Diagramm die Größenordnung der verschiedenen Treibhausgase. Man weiß heute, dass Aerosole aus der Verbrennung fossiler Energieträger und aus Biomasse entstehen, die Solarstrahlung stärker reflektieren und dadurch potentiell abkühlend auf das Erdklima wirken. Das ermäßigt die Klimaerwärmung um rund 20%".[31]

---

31 Olzog, Kurt: Gletscherschmelze und Meeresspiegel. Norderstedt 2020, S. 56f. Abbildung aus: Der neue Fischer Weltalmanach 2018, S. 695.

Beitrag einzelner Gase zum anthropogenen Treibhauseffekt
Heutige Störung der Strahlungsbilanz im Vergleich zu 1750

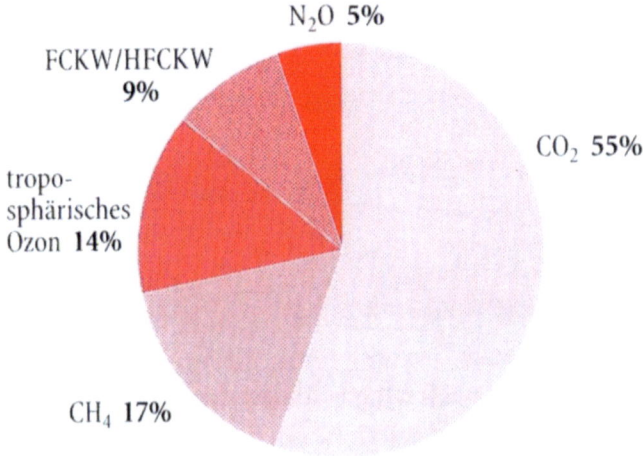

Quelle: Intergovernmental Panel on Climate Change (IPCC), 1995 [32]

„Obwohl die Auswirkungen der Gletscherschmelze auf den weltweiten Meeresspiegel messbar sind und die betroffenen Länder zu Schutzmaßnahmen nötigen, will die derzeitige Politik nur langsam aus der Kohleverstromung aussteigen. Während die befragten Klimaforscher einen möglichst raschen Ausstieg aus der Kohleverstromung fordern, beispielsweise bis zum Jahr 2030, will die deutsche Politik sich Zeit lassen bis 2038, aus Angst vor dem Strukturwandel und vor schwindenden Wählerstimmen.

Dabei wurde durch die Förderung erneuerbarer Energien wie Wind- und Sonnenenergie in Deutschland allmählich ab den 1990er-Jahren ein Anteil von 4,7% am Primärenergieverbrauch

---

[32] Ebenda, S. 57. Abbildung entnommen aus: Der Fischer Weltalmanach 1997, S. 1120f.

erreicht. „Drei Jahre später ergab sich für die Stromerzeugung nach Energieträgern in Deutschland ein erheblich differenzierteres Bild:

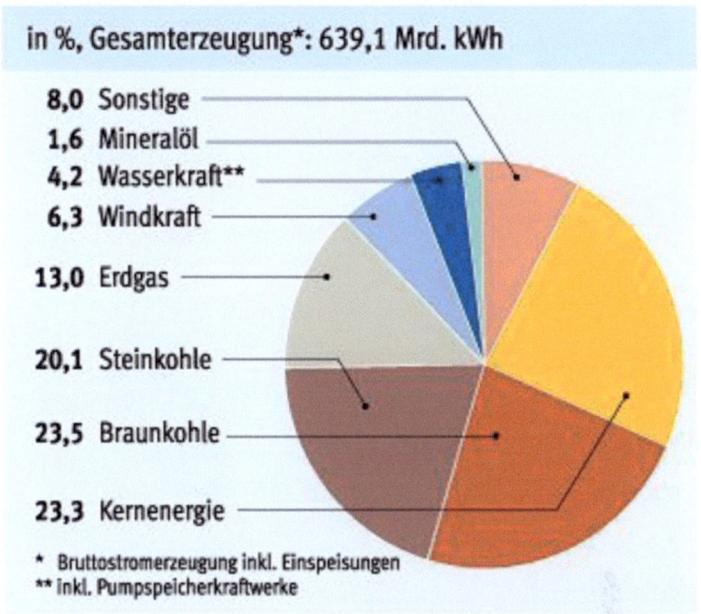

Wasserkraft und Windenergie erreichten zusammen rund 10,5 % Anteil an der Stromerzeugung. Hinzu kommen 8 % Sonstige, wie Photovoltaik, Biogas etc."[33] Sechs Jahre später wurde die Braunkohle bereits als wichtigster Energieträger von den Erneuerbaren abgelöst. Während Braunkohle im Jahr 2014 nur 25,4% zur

---

33 Ebenda, S. 57f. Abbildung aus: Der Fischer Weltalmanach 2010, S. 703.

Stromerzeugung beitrug, bewältigten die erneuerbaren Energieträger gar 26,1%."[34]

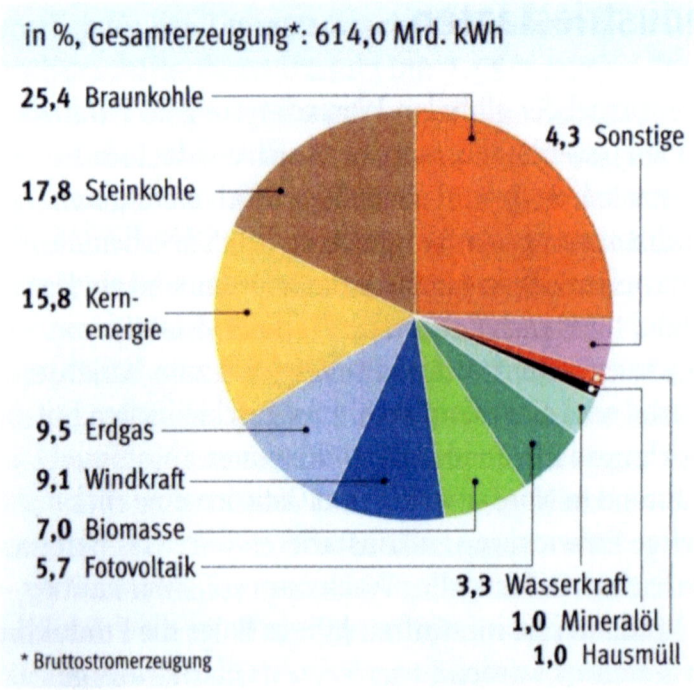

Auch international ergibt sich eine Steigerung des Anteils erneuerbarer Energieträger an der Stromerzeugung. Das zeigt das Diagramm auf der folgenden Seite. Hier ist Europa mit Russland am weitesten fortgeschritten. Darauf folgen Mittel- und Südamerika, Nordamerika, Asien und Ozeanien, Afrika, und ganz am unteren

---

34 Ebenda, S. 59, mit Abbildung aus: Der neue Fischer Weltalmanach 2016, S. 667.

Ende folgt der Nahe Osten mit Saudi-Arabien und den angrenzenden Ölstaaten. Man bettelt dort um Subventionen, weil der Wertverlust des Erdöls inzwischen fühlbar wird. Die Idee der Wissenschaft ist, Wasserstoff als klimaschützenden Rohstoff und Ersatz für fossile Energierohstoffe einzusetzen.

Ein Beispiel bietet das erste Kapitel ab Seite 19 mit der Kleinstadt Haßfurt. Dort wird mit Windrädern und Fotovoltaik mehr als doppelt so viel Strom erzeugt, wie benötigt wird. Mit dem überschüssigen Strom wird mit Hilfe der Elektrolyse „Wasser in seine Bestandteile Wasserstoff und Sauerstoff zerlegt. Die Gase werden nun in geeigneten Tanks gelagert und bei Strommangel in Brennstoffzellen zu Wasser vereinigt, wobei sie die Verbrennungsenergie in Form von elektrischem Strom abgeben. Diese Technik ist erprobt und wird für den großtechnischen Einsatz zur Zeit weiterentwickelt."[35]

---

35 Olzog, Kurt: Energiewende im Klimawandel. S. 74f.

Anteil erneuerbarer Energieträger* an Stromerzeugung nach Regionen [36]

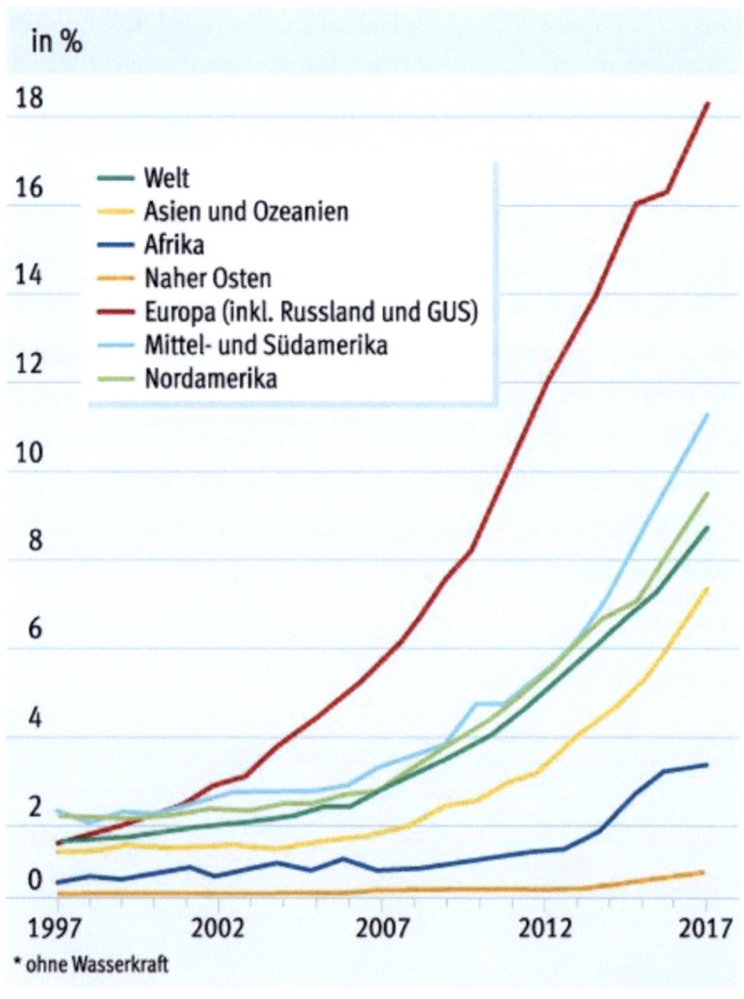

* ohne Wasserkraft

Quelle: BP 2018

---

36 Olzog, Kurt: Gletscherschmelze und Meeresspiegel, S. 62.
    Diagramm aus: Der neue Fischer Weltalmanach 2019. S. 681.

„Den Stand der Entwicklung beschreibt Katja Scherer in einem Artikel in der Wochenzeitung DIE ZEIT Nr. 18 vom 29. April 2015 auf Seite 31.[37] Unter der Schlagzeile **„Rein ins Rohr"** mit dem Untertitel „Wenn die Sonne scheint und der Wind weht, wird zuviel Strom produziert, sonst zu wenig. Helfen könnte das Gasnetz, wenn man es in einen Speicher verwandelt", steht als Zusammenfassung: **„**50 Terawattstunden Strom aus erneuerbaren Energien müssen 2050 womöglich gespeichert werden – dreimal mehr als 2020. Das Gasnetz könnte dabei helfen."[38]

Ein Container in Frankfurt am Main im Industriegebiet enthält eine Testanlage dieser Elektrolysetechnologie. Das Herzstück ist der PEM-Elektroliseur, eine Protonen-Austausch-Membran. „Sie ermöglicht es, aus Wasser mithilfe von Strom Wasserstoff zu gewinnen, also elektrische Energie in chemisch gebundene umzuwandeln. Das Wasserstoff-Gas wird so zu einer Art Stromspeicher. Power-to-Gas nennt sich dieses Verfahren."[39] Damit werde es möglich, auch große Mengen an überschüssiger erneuerbarer Energie zu speichern. „Nach Berechnungen der Thüga wird der Speicherbedarf für erneuerbare Energien im Jahr 2020 bei 17 Terawattstunden liegen und bis 2050 auf rund 50 Terawattstunden anwachsen. Damit die Energiewende funktionieren kann, braucht Deutschland langfristig Verfahren, um den aus regenerativen Quellen erzeugten Strom zu speichern. Das bestehende Gasnetz der Versorger soll Abhilfe schaffen: Seine jährliche Speicherkapazität ist laut Thüga viermal so groß wie der Bedarf 2050. Mithilfe von Power-to-Gas könnte es wie ein Schwamm jene

---
37 Scherer, Katja: Rein ins Rohr, in: DIE ZEIT Nr. 18, Hamburg 2015, S. 31
38 Ebenda
39 Ebenda

Energie aufsaugen, die sonst ungenutzt versickern würde – und sie wieder abgeben, wenn im Stromnetz zu wenig davon da ist."[40]

Für die Einspeisung in das Frankfurter Erdgasnetz „gibt es allerdings strenge Auflagen: Der Anteil von Wasserstoff im Gasnetz darf laut Gesetzgeber nicht höher sein als zwei Prozent. Dadurch soll verhindert werden, dass irgendwo in Frankfurt plötzlich eine Erdgastankstelle in die Luft fliegt, denn Wasserstoff gilt als entzündlich.

Eine andere Möglichkeit, das Power-to-Gas-Verfahren zu nutzen, ist daher die Weiterverarbeitung des Wasserstoffs zu **Methan**. Dieses hat ähnliche chemische Eigenschaften wie herkömmliches Erdgas und kann daher unbegrenzt ins Gasnetz eingespeist werden."[41] „Mit dem aus erneuerbarer Energie gewonnenen Methan könnten auch Erdgasautos betankt werden […] Der Praxistest läuft bereits: Der Autohersteller Audi betreibt seit 2013 eine Pilotanlage im niedersächsischen Werlte."[42]

---

[40] Ebenda, Thüga: Thüringer Gas
[41] Ebenda
[42] Ebenda, mit Abbildung.
  Vgl. Olzog, Kurt: Energiewende im Klimawandel. S. 75ff.

Aus Strom mach Gas: Das ist die Idee der neuen Technik. Hier eine Demonstrationsanlage auf dem Werksgelände der Mainova AG in Frankfurt

Mit weitaus höherem Wirkungsgrad nutzen alternative Antriebskonzepte die Verbrennung von Wasserstoff zu Wasser in einer Brennstoffzelle. Auf dem Markt sind bereits Omnibusse mit Brennstoffzellenantrieb verfügbar, die rein elektrisch fahren. Außerdem kann man seit 2015 PKW mit Brennstoffzellenantrieb kaufen. Es gibt aber noch viel zu wenige Wasserstofftankstellen, so dass Privatkunden noch sehr zögern, sich einen solchen PKW zuzulegen.[43]

Bei der Weiterverarbeitung des Wasserstoffs zu **Methan** wird unter Energieeinsatz CO_2 mit vier Molekülen H_2 zu CH_4 verarbeitet. Dabei werden zwei Moleküle H_2O frei. Als Formel:

---
43 Vgl. Olzog, Kurt: Energiewende im Klimawandel. S. 77.

$CO_2 + 4H_2 \rightarrow CH_4 + 2H_2O$. Kohlenstoffdioxid reagiert mit Wasserstoff zu Methan und Wasser.

„Das farb- und geruchlose, brennbare Gas kommt in der Natur vor und ist der Hauptbestandteil von Erdgas. Es dient als Heizgas und ist in der chemischen Industrie als Ausgangsprodukt für technische Synthesen von großer Bedeutung.

Als Treibhausgas hat Methan ein hohes Treibhauspotential und trägt zur globalen Erwärmung bei. In der Erdatmosphäre wird es zu Kohlenstoffmonoxid und schließlich zu Kohlenstoffdioxid oxidiert. Die Kohlendioxidemissionen bei Verbrennung betragen 2,74 kg CO_2/kg Methan.

Die Verbrennung erfolgt mit bläulich-heller Flamme in Gegenwart von ausreichend Sauerstoff zu Kohlenstoffdioxid und Wasser. Methan ist in Wasser unlöslich und bildet mit Luft explosive Gemische. Da es in Lagerstätten in großen Mengen vorkommt, ist es eine attraktive Energiequelle. Der Transport erfolgt durch Pipelines oder als tiefgekühlte Flüssigkeit mittels Tankschiffen. Daneben gibt es als Methanhydrat gebundene Vorkommen am Meeresboden, wobei der genaue Vorrat unbekannt ist. Weiterhin entsteht das Gas in beträchtlichen Mengen durch biologische Prozesse, etwa bei der Viehhaltung."[44]

„Heute wird auch viel Methan als Brennstoff in Biogasanlagen hergestellt. Auch durch Holzvergasung kann Methan gewonnen werden. Die Methanisierung nach vorhergehender Wasserelektrolyse ist das Grundprinzip zur Gewinnung von Wind- oder

---

44 https://de.wikipedia.org/wiki/Methan. Mit Strukturformel auf der nächsten Seite.

Solargas, dem im Bereich der regenerativen Energien eine zunehmende Bedeutung zugeschrieben wird."[45]

```
    H
    |
H - C - H   (Strukturformel für Methan)
    |
    H
```

Daraus ergibt sich, dass es bei Energiebedarf aus Gesichtspunkten des Klimawandels besser ist, Wasserstoff direkt in Brennstoffzellen zu nutzen. Nur in der chemischen Industrie ist Methan von größerer Bedeutung.

In einer Übergangsphase, sobald die Nutzung fossiler Energierohstoffe beendet ist, kann Wasserstoff direkt oder in Form von Methan beispielsweise noch zur Wohnungsheizung oder als Treibstoff für Schiffe, Kraftwagen und Flugzeuge eingesetzt werden.

---

45 Ebenda. Mit Strukturformel.

5. Wasserstoff bremst Klimawandel

Bisher sieht es so aus, dass global ein politischer Wille besteht, den Klimawandel zu begrenzen. Einige Länder wie die USA, Brasilien und Australien, werden von Rechtspopulisten administriert, die teilweise sogar den menschengemachten Klimawandel leugnen. Unter den rund 200 Staaten dieser Erde sind es aber keine Handvoll, selbst wenn man erzkonservative Länder wie Saudi Arabien mitzählt, die nicht einsehen wollen, dass der Ölboom vorbei ist.

Während die fossilen Energierohstoffe an Wert verlieren, überlegen wir, wie wir die Zukunft klimafreundlicher gestalten können. Zu diesem Zweck betrachten wir den Status Quo. In Europa, besonders in Frankreich und Deutschland, ist der weitere Ausbau der Offshore-Windräderparks geplant, teils vor der bretonischen Küste, teils in der Nordsee. An der Atlantikküste und in Schleswig-Holstein können daher die nächsten großen Elektrolyseure entstehen, die Europa mit Wasserstoff versorgen. Außerdem bieten sich Spanien und Portugal an, die mit großen Fotovoltaikanlagen in ihren sonnigen Wüstengegenden sauberen Strom erzeugen können, der dann zur Wasserstoffproduktion dienen kann. Ein weiterer Partner der Europäer ist das nordwestafrikanische Marokko, das bereits eine stabile Stromversorgung aus erneuerbarer Energie aufgebaut hat und nun überschüssigen Strom in die Wasserstofferzeugung stecken kann. Weitere Nordafrikanische Länder werden folgen. Kalifornien und Mexiko sind ebenfalls vom Klima begünstigte Kandidaten für die Wasserstoffproduktion. Wir können diese Technologie auch nach China und Indien verkaufen, wobei China bereits selbst daran arbeitet.

Seit wir aus China konkurrenzlos billige Solarzellen kaufen können, halten wir es für wahrscheinlich, dass wir in absehbarer Zeit von dort mit günstigem Wasserstoff beliefert werden. China hat selbst die größte Motivation, die Erderwärmung zu begrenzen. Schauen wir uns nur die Millionenstadt Shanghai an. Sie ist mit knapp 20 Millionen Einwohnern die größte Millionenstadt der Welt und liegt durchschnittlich vier Meter über dem Meeresspiegel:[46]

---

46 Olzog, Kurt: Gletscherschmelze und Meeresspiegel. S. 48. Entnommen aus:: https://de.wikipedia.org/wiki/Meeresspiegelanstieg_seit_1850. Siehe auch: R.J. Nicholls und S.P. Leatherman (1994): *Global sea-level rise*, in: K. Strzepek, J.B. Smith: As Climate Changes: Potential Impacts and Implications, Cambridge Univ. Press.

„Die Erhöhung des Meeresspiegels birgt besondere Gefahren für Bewohner von Küstenregionen und -städten. Zu den Ländern, die durch einen Anstieg des Meeresspiegels am stärksten gefährdet sind, gehören Bangladesch, Ägypten, Pakistan, Malediven, Indonesien und Thailand, die alle eine große und relativ arme Bevölkerung aufweisen. So leben z. B. in Ägypten rund 16 % der Bevölkerung (ca. zwölf Millionen Menschen) in einem Gebiet, das schon bei einem Anstieg des Meeresspiegels von 50 cm überflutet werden würde, und in Bangladesch wohnen über zehn Millionen Menschen nicht höher als 1 m über dem Meeresspiegel. Bei einem Meeresspiegelanstieg von 100 cm müssten nicht nur sie, sondern insgesamt 70 Millionen Menschen in Bangladesch umgesiedelt werden, wenn das Land nicht in Küstenschutzmaßnahmen investiert. Außerdem würde sich durch den Landverlust und die Erhöhung des Salzgehaltes im Boden die Reisernte halbieren.

Ohne Gegenmaßnahmen würden bei einem Anstieg des Meeresspiegels um 1 m weltweit 150.000 km² Landesfläche dauerhaft überschwemmt werden, davon 62.000 km² küstennaher Feuchtgebiete. 180 Millionen Menschen wären betroffen und 1,1 Billionen Dollar an zerstörtem Besitz wären zu erwarten (bei heutiger Bevölkerung und Besitzstand). Nach Angaben der OECD erhöht sich bis 2070 die Zahl der Personen in küstennahen Millionenstädten, die von einem statistisch einmal in hundert Jahren vorkommenden Flutereignis bedroht sind, von etwa 40 Millionen Menschen im Jahr 2005 auf dann 150 Millionen. Dies gilt für eine angenommene Erhöhung des Meeresspiegels um 0,5 m. Während das Risiko an wirtschaftlichen Folgeschäden in den 136 untersuchten Hafenstädten gegenwärtig bei 3 Billionen Dollar liegt, dürfte sich dieser Wert in den kommenden 60 Jahren auf 35 Billionen Dollar mehr als verzehnfachen, während Küstenschutzmaßnahmen dieses Risiko natürlich erheblich verringern können."[47]

Reiche Länder wie die Niederlande oder die USA können sich Küstenschutz leisten. Das gilt für die Malediven eher nicht:

Insel Malé von Südwesten. Am Horizont die Flughafeninsel Hulhulé, links dazwischen die nicht zur Hauptstadt gehörige Insel Funadhoo.

„Malé ist seit mehr als 800 Jahren das Zentrum des Inselstaates der Malediven. In jüngster Zeit nahmen Bevölkerung und Bedeutung der Insel derart zu, dass sie künstlich vergrößert werden musste. Über ein Viertel der heutigen Inselfläche entstanden durch

---

47 Ebenda, S. 48f.

Maßnahmen zur Landgewinnung. Gemäß den Bauvorschriften auf Malé darf kein Gebäude höher sein als der Turm der Hauptmoschee Male' Hukuru Miskyii, der sogenannten „Freitagsmoschee". Das Leben auf der Hauptinsel steht seit jeher vollkommen im Kontrast zur beschaulichen Ruhe, die die anderen Malediveninseln ausstrahlen."[48]

„Malé liegt einen Meter über dem Meeresspiegel und ist direkt von dessen Anstieg betroffen. „Für den Fall, dass sich der in den Jahren 1992–2009 beobachtete Anstieg der Schmelzrate fortsetzt, würde der Meeresspiegel bis zum Jahr 2050 um 32 cm ansteigen (15 cm aus der Schmelze in Arktis und Antarktis, 8 cm aus der Schmelze aller übrigen Gletscher, 9 cm aus der thermischen Expansion des Meerwassers). Nach verschiedenen Szenarien des Intergovernmental Panel on Climate Change (IPCC), veröffentlicht 2007 in seinem Vierten Sachstandsbericht, könnte sich bis zum Zeitraum 2090–2099 der Meeresspiegel im Vergleich mit dem Zeitraum 1980–1999 im globalen Mittel zwischen 0,18 m und 0,59 m erhöhen. Diese Abschätzung schloss dynamisches Verhalten von Eisschilden aus, welches zum Zeitpunkt der Erstellung dieses Berichtes als unverstanden galt. Im fünften Sachstandsbericht des IPCC aus dem Jahr 2013 wurde das dynamische Verhalten von Eisschilden erstmals berücksichtigt und die Schätzung angehoben. Je nach Szenario wird hier ein Anstieg zwischen 0,26 m und 0,98 m erwartet. Im „Business As Usual-Szenario" RCP 8,5 (vgl. repräsentativer Konzentrationspfad) steigt die im Zeitraum 2081–2100 erwartete jährliche Anstiegsrate auf 8–16 mm.

---

48 https://de.wikipedia.org/wiki/Malé

Neuere Erkenntnisse deuten darauf hin, dass die Prognosen des Meeresspiegelanstieges durch den IPCC im 5. Sachstandsbericht wahrscheinlich zu konservativ kalkuliert sind und der Meeresspiegelanstieg stärker ausfallen könnte. Beispielsweise publizierte eine Gruppe um den Klimatologen James E. Hansen im Jahr 2015 eine Arbeit, in der auf exponentiell verlaufende Dynamiken verwiesen wird, die bereits für das Jahr 2050 einen Meeresspiegelanstieg um mehr als einen Meter erwarten lassen. Forscher um Steve Nerem haben anhand von Satellitenmessungen errechnet, dass der Meeresspiegel jedes Jahr etwas schneller steigt. Daher könnte der Durchschnittspegel an den Küsten im Jahr 2100 um 65 Zentimeter höher liegen als im Jahr 2005. Beim National Climate Assessment vom Mai 2014 wird bis zum Ende des 21. Jahrhunderts ein Meeresspiegelanstieg um 1 bis 4 Fuß (30 bis 120 cm) im Vergleich zum vorindustriellen Wert erwartet. Vor dem Hintergrund ähnlich rascher Anstiege während des Eem-Interglazials vor 120.000 Jahren sind solche Abschätzungen realistisch. Zu beachten ist, dass sich der Anstieg nicht überall auf der Welt gleichförmig bemerkbar machen wird. Aufgrund eustatischer[49] Schwankungen werden für den Nordpazifik und die US-Küste deutlich höhere Werte als im weltweiten Durchschnitt angenommen.

Seit der zweiten Hälfte der 2010er Jahre gilt es zudem als wahrscheinlich, dass der Westantarktische Eisschild bereits destabilisiert ist. Sollte dies tatsächlich der Fall sein, würde dies bedeuten, dass über die nächsten Jahrhunderte alleine durch das Ab-

---

49 Eustatische Schwankungen: Schwankungen der Schwerkraft.

schmelzen der dortigen Gletscher ein sicherer Meeresspiegelanstieg von ca. 3 Metern auftreten wird."[50]

Offensichtlich hat die Erdbevölkerung wenige Wahlmöglichkeiten. Sie kann jetzt den Klimawandel verlangsamen oder muss Völkerwanderungen in Kauf nehmen. Mit relativ wenig Geld können jetzt Maßnahmen zur Begrenzung der Erderwärmung durchgeführt werden, wie im Pariser Klimagipfel 2015 verabredet wurde. Es können Entwicklungsgelder fließen, um den Küstenschutz in den ärmeren Staaten zu finanzieren. Der Anstieg des Meeresspiegels lässt sich allerdings nicht mehr stoppen. Dazu haben sich die Ozeane und die Kontinente schon zu sehr aufgeheizt. Der Anstieg lässt sich nur noch verlangsamen. Wir können einen Teil des CO_2 aus der Atmosphäre entnehmen und unterirdisch speichern. Dadurch kann die Erderwärmung gebremst werden. Das Geld, das wir jetzt in den Klimaschutz investieren, ist gut angelegt. Wer jetzt daran spart, zahlt in hundert Jahren das mehr als Zehnfache mit ungewissem Ausgang. Unseren Kindern und Kindeskindern sollten wir eine einigermaßen intakte Erde hinterlassen, damit deren Entwicklung weiter gehen kann. Die Wasserstoffwirtschaft ist also eine der Möglichkeiten, mit denen wir unseren Lebensstandard erhalten können. Durch die Entwicklung der künstlichen Intelligenz können sich weitere Verbesserungen ergeben, beispielsweise im medizinischen Sektor oder im Bereich der Mobilität. Künstliche Intelligenz (KI) wird auch benötigt, um die von Wind, Sonnenenergie und Wasserstoff gespeisten Stromnetze bedarfsgerecht zu steuern. Daher betrachten wir für interessierte Leser an dieser Stelle die KI etwas genauer.

---

50 Olzog, Kurt: Gletscherschmelze und Meeresspiegel. S. 44f.

„Im Allgemeinen bezeichnet *künstliche Intelligenz* den Versuch, bestimmte Entscheidungsstrukturen des Menschen nachzubilden, indem z. B. ein Computer so gebaut und programmiert wird, dass er relativ eigenständig Probleme bearbeiten kann. Oftmals wird damit aber auch eine nachgeahmte Intelligenz bezeichnet, wobei durch meist einfache Algorithmen ein „intelligentes Verhalten" simuliert werden soll, etwa bei Computergegnern in Computerspielen.

Im Verständnis des Begriffs *künstliche Intelligenz* spiegelt sich oft die aus der Aufklärung stammende Vorstellung vom „Menschen als Maschine" wider, dessen Nachahmung sich die sogenannte *starke KI* zum Ziel setzt: eine Intelligenz zu erschaffen, die das menschliche Denken mechanisieren soll,[...] bzw. eine Maschine zu konstruieren und zu bauen, die *intelligent* reagiert oder sich eben *wie ein Mensch* verhält. Die Ziele der starken KI sind nach Jahrzehnten der Forschung weiterhin visionär.

[…] Starke KI wären Computersysteme, die auf Augenhöhe mit Menschen arbeiten und diese bei schwierigen Aufgaben unterstützen können. Demgegenüber geht es bei *schwacher KI* darum, konkrete Anwendungsprobleme zu meistern. Das menschliche Denken und technische Anwendungen sollen hier in Einzelbereichen unterstützt werden.[...] Die Fähigkeit zu lernen ist eine Hauptanforderung an KI-Systeme und muss ein integraler Bestandteil sein, der *nicht erst nachträglich* hinzugefügt werden darf. Ein zweites Hauptkriterium ist die Fähigkeit eines KI-Systems, mit Unsicherheit und probabilistischen Informationen umzugehen.[...] Insbesondere sind solche Anwendungen von Interesse, zu deren Lösung nach allgemeinem Verständnis eine

Form von „Intelligenz" notwendig zu sein scheint. Letztlich geht es der schwachen KI somit um die Simulation intelligenten Verhaltens mit Mitteln der Mathematik und der Informatik, es geht ihr nicht um Schaffung von Bewusstsein oder um ein tieferes Verständnis von Intelligenz. Während die Schaffung starker KI an ihrer philosophischen Fragestellung bis heute scheiterte, sind auf der Seite der *schwachen KI* in den letzten Jahren bedeutende Fortschritte erzielt worden.

Ein starkes KI-System muss nicht viele Gemeinsamkeiten mit dem Menschen haben. Es wird wahrscheinlich eine andersartige kognitive Architektur aufweisen und in seinen Entwicklungsstadien ebenfalls nicht mit den evolutionären kognitiven Stadien des menschlichen Denkens vergleichbar sein (Evolution des Denkens). Vor allem ist nicht anzunehmen, dass eine künstliche Intelligenz Gefühle wie Liebe, Hass, Angst oder Freude besitzt. […] Es kann solchen Gefühlen entsprechendes Verhalten jedoch simulieren.

[…] Neben den Forschungsergebnissen der Kerninformatik selbst sind in die Erforschung der KI Ergebnisse der Psychologie, Neurologie und Neurowissenschaften, der Mathematik und Logik, Kommunikationswissenschaft, Philosophie und Linguistik eingeflossen. Umgekehrt nahm die Erforschung der KI auch ihrerseits Einfluss auf andere Gebiete, vor allem auf die Neurowissenschaften. Dies zeigt sich in der Ausbildung des Bereichs der Neuroinformatik, der der biologieorientierten Informatik zugeordnet ist, sowie der Computational Neuroscience.

Bei künstlichen neuronalen Netzen handelt es sich um Techniken, die ab Mitte des 20. Jahrhunderts entwickelt wurden und auf der Neurophysiologie aufbauen.

KI stellt somit kein geschlossenes Forschungsgebiet dar. Vielmehr werden Techniken aus verschiedenen Disziplinen verwendet, ohne dass diese eine Verbindung miteinander haben müssen."[51]

Folgende Teilgebiete haben sich inzwischen etabliert:

„Wissensbasierte Systeme

Wissensbasierte Systeme modellieren eine Form rationaler Intelligenz für sogenannte Expertensysteme. Diese sind in der Lage, auf eine Frage des Anwenders auf Grundlage formalisierten Fachwissens und daraus gezogener logischer Schlüsse Antworten zu liefern. Beispielhafte Anwendungen finden sich in der Diagnose von Krankheiten oder der Suche und Beseitigung von Fehlern in technischen Systemen.

Beispiele für wissensbasierte Systeme sind Cyc und Watson.

Musteranalyse und Mustererkennung

Visuelle Intelligenz ermöglicht es, Bilder beziehungsweise Formen zu erkennen und zu analysieren. Als Anwendungsbeispiele seien hier Handschrifterkennung, Identifikation von Personen durch Gesichtserkennung, Abgleich der Fingerabdrücke oder der Iris, industrielle Qualitätskontrolle und Fertigungsautomation (letzteres in Kombination mit Erkenntnissen der Robotik) genannt.

Mittels *sprachlicher Intelligenz* ist es beispielsweise möglich,

---

[51] https://de.wikipedia.org/wiki/Künstliche_Intelligenz.

einen geschriebenen Text in Sprache umzuwandeln (Sprachsynthese) und umgekehrt einen gesprochenen Text zu verschriftlichen (Spracherkennung). Diese automatische Sprachverarbeitung lässt sich ausbauen, so dass etwa durch latente semantische Analyse (kurz *LSI*) Wörtern und Texten Bedeutung beigemessen werden kann.

Beispiele für Systeme zur Mustererkennung sind Google Brain und Microsoft Adam.[…]

Mustervorhersage

Die Mustervorhersage ist eine Erweiterung der Mustererkennung. Sie stellt etwa die Grundlage des von Jeff Hawkins definierten hierarchischen Temporalspeichers dar.

> "Prediction is not just one of the things your brain does. It is the primary function of the neocortex, and the foundation of intelligence."
>
> „Vorhersage ist nicht einfach nur eines der Dinge, die dein Gehirn tut. Sie ist die Hauptfunktion des Neocortex und das Fundament der Intelligenz."
>
> – Jeff Hawkins: On Intelligence[…]

Solche Systeme bieten den Vorteil, dass z. B. nicht nur ein bestimmtes Objekt in einem einzelnen Bild erkannt wird (Mustererkennung), sondern auch anhand einer Bildserie vorhergesagt werden kann, wo sich das Objekt als nächstes aufhalten wird.

Robotik

Die Robotik beschäftigt sich mit manipulativer Intelligenz. Mit Hilfe von Robotern können etwa gefährliche Tätigkeiten wie etwa die Minensuche oder auch immer gleiche Manipulationen, wie sie z. B. beim Schweißen oder Lackieren auftreten können, automatisiert werden.

Der Grundgedanke ist es, Systeme zu schaffen, die intelligente Verhaltensweisen von Lebewesen nachvollziehen können. Beispiele für derartige Roboter sind ASIMO und Atlas.

Modellierung anhand der Entropiekraft

Basierend auf der Arbeit des Physikers Alexander Wissner-Gross kann ein intelligentes System durch die Entropiekraft modelliert werden. Dabei versucht ein intelligenter Agent seine Umgebung (Zustand X_0), durch eine Handlung (Kraftfeld F) zu beeinflussen, um eine größtmögliche Handlungsfreiheit (Entropie S) in einem zukünftigen Zustand X zu erreichen.[…]

Künstliches Leben

KI überlappt sich mit der Disziplin künstliches Leben (*Artificial life*, AL),[…] wird als übergeordnete oder auch als eine Subdisziplin gesehen.[…] AL muss deren Erkenntnisse integrieren, da Kognition eine Kerneigenschaft von natürlichem Leben ist, nicht nur des Menschen."[52]

„Die **Methoden der KI** lassen sich grob in zwei Dimensionen einordnen: symbolische vs. neuronale KI und Simulationsmethode

---

[52] Ebenda

vs. phänomenologische Methode. Die Zusammenhänge veranschaulicht die folgende Grafik:

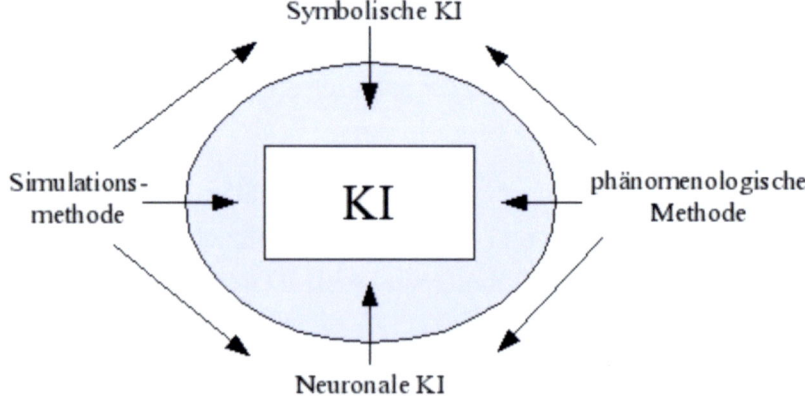

Die Neuronale KI verfolgt einen Bottom-up-Ansatz und möchte das menschliche Gehirn möglichst präzise nachbilden. Die symbolische KI verfolgt umgekehrt einen Top-down-Ansatz und nähert sich den Intelligenzleistungen von einer begrifflichen Ebene her. Die Simulationsmethode orientiert sich so nah wie möglich an den tatsächlichen kognitiven Prozessen des Menschen. Dagegen kommt es dem phänomenologischen Ansatz nur auf das Ergebnis an.

Viele ältere Methoden, die in der KI entwickelt wurden, basieren auf heuristischen Lösungsverfahren. In jüngerer Zeit spielen mathematisch fundierte Ansätze aus der Statistik, der mathematischen Programmierung und der Approximationstheorie eine bedeutende Rolle.

Die konkreten Techniken der KI lassen sich grob in Gruppen einteilen:

Suchen

Die KI beschäftigt sich häufig mit Problemen, bei denen nach bestimmten Lösungen gesucht wird. Verschiedene Suchalgorithmen werden dabei eingesetzt. Ein Paradebeispiel für die Suche ist der Vorgang der Wegfindung, der in vielen Computerspielen eine zentrale Rolle einnimmt und auf Suchalgorithmen wie zum Beispiel dem A*-Algorithmus basiert.

Planen

Neben dem Suchen von Lösungen stellt das Planen einen wichtigen Aspekt der KI dar. Der Vorgang des Planens unterteilt sich dabei in zwei Phasen:

1. Die *Zielformulierung*: Ausgehend vom momentanen Umgebungs- bzw. Weltzustand wird ein Ziel definiert. Ein Ziel ist hierbei eine *Menge von Weltzuständen*, bei der ein bestimmtes Zielprädikat erfüllt ist.
2. Die *Problemformulierung*: Nachdem bekannt ist, welche Ziele angestrebt werden sollen, wird in der Problemformulierung festgelegt, welche Aktionen und Weltzustände betrachtet werden sollen. Es existieren hierbei verschiedene Problemtypen.

Planungssysteme planen und erstellen aus solchen Problembeschreibungen Aktionsfolgen, die Agentensysteme ausführen können, um ihre Ziele zu erreichen.

Optimierungsmethoden

Oft führen Aufgabenstellungen der KI zu Optimierungsproblemen. Diese werden je nach Struktur entweder mit Suchalgorithmen aus der Informatik oder, zunehmend, mit Mitteln der mathematischen Programmierung gelöst. Bekannte heuristische Suchverfahren aus dem Kontext der KI sind evolutionäre Algorithmen.

Approximationsmethoden

In vielen Anwendungen geht es darum, aus einer Menge von Daten eine allgemeine Regel abzuleiten (maschinelles Lernen). Mathematisch führt dies zu einem Approximationsproblem. Im Kontext der KI wurden hierzu unter anderem künstliche neuronale Netze vorgeschlagen, die als universale Funktionsapproximatoren eingesetzt werden können, jedoch insbesondere bei vielen verdeckten Schichten schwer zu analysieren sind. Manchmal verwendet man deshalb alternative Verfahren, die mathematisch einfacher zu analysieren sind.

Künstliches Neuronales Netz

[…] Große Fortschritte erzielt die künstliche Intelligenz in jüngster Zeit im Bereich künstlicher neuronaler Netze, auch unter dem Begriff Deep Learning bekannt. Dabei werden neuronale Netze, die grob von der Struktur des Gehirns inspiriert sind, künstlich auf dem Computer simuliert. Viele der jüngsten Erfolge wie bei Handschrifterkennung, Spracherkennung, Gesichtserkennung, autonomem Fahren, maschineller Übersetzung, auch der Erfolg von AlphaGo beruhen auf dieser Technik. […]

Für künstliche Intelligenz gibt es zahlreiche **Anwendungsgebiete**. Einige Beispiele kurz zusammengefasst:

- Suchmaschinen erleichtern den Umgang mit der im Internet vorhandenen Informationsflut.
- Bei der Exploration von Ölquellen, der Steuerung von Marsrobotern oder der medizinischen Diagnose werden Expertensysteme eingesetzt.
- Maschinelle Übersetzung ist weit verbreitet. Beispiele: Google Übersetzer, DeepL
- Texterkennung und Textgenerierung, zum Beispiel von Eilmeldungen, Werbung oder für besonders strukturierte Daten
- Data-Mining und Text Mining bieten Methoden zur Extraktion von Kerninformationen aus nicht- oder nur schwach strukturierten Texten, wie es etwa zur Erstellung von Inhaltsanalysen benötigt wird.
- Informationsrückgewinnung hat das Wiederauffinden und Zusammenführen bereits bestehender, komplexer Strukturen in sehr großen Datensätzen zum Ziel, ein Anwendungsgebiet sind Internet-Suchmaschinen.
- Analyse und Prognose von Aktienkursentwicklungen werden gelegentlich durch künstliche neuronale Netze unterstützt.
- Optische Zeichenerkennung liest gedruckte Texte zuverlässig.
- Handschrifterkennung wird u. a. millionenfach in Geräten wie PDAs, Smartphones und Tabletcomputern verwendet.
- Spracherkennung ermöglicht Sprachsteuerung oder das

Diktieren eines Textes. Wird u. a. in Smartphones eingesetzt, z. B. bei Siri, Google Assistant, Cortana und Samsungs Bixby oder auch Amazon Alexa.
- Gesichtserkennung, z. B. die App FindFace.
- Deepfakes, d. h. der Austausch von Gesichtern oder anderen medieninhalten
- Bilderkennung, z. B. das automatische taggen von Bildern bei Flickr oder Cloud Vision API von Google.
- Computeralgebrasysteme, wie Mathematica oder Maple, unterstützen Mathematiker, Wissenschaftler und Ingenieure bei ihrer Arbeit.
- Computer-Vision-Systeme überwachen öffentliche Plätze, Produktionsprozesse oder sichern den Straßenverkehr.
- In Computerspielen dienen die Algorithmen, die in der KI entwickelt wurden, dazu, computergesteuerte Mitspieler intelligent handeln zu lassen. (siehe auch KI in Computerspielen)
- Bei Gruppensimulationen für Sicherheitsplanung oder Computeranimation wird ein möglichst realistisches Verhalten von (Menschen-)Massen berechnet.
- Ein wissensbasiertes System bzw. spezieller ein Expertensystem stellt Lösungen bei komplexen Fragestellungen zur Verfügung. Beispiele für solche Anwendungen sind: Das Computerprogramm Watson (siehe weiter oben) oder die Wissensdatenbank Cyc. In einfacherer Form wird dies u. a. in Smartphones eingesetzt z. B. bei Siri, Google Now, Cortana und Samsungs S Voice oder auch Amazon Echo.

- Semantische Suchmaschinen, wie Wolfram Alpha
- Selbstfahrende Kraftfahrzeuge, z. B. Google Driverless Car (siehe oben)
- Humanoide Roboter, z. B. Atlas, ASIMO, Pepper
- Bots, insbesondere social Bots (z. B. cleverbot)
- autonome Waffen
- Intelligenter Persönlicher Assistent (oder auch digitaler Sprachassistent)
- Suche nach extrasolaren Planeten durch Auswertung von Helligkeitsschwankungen von Sternen über die Transitmethode[...]"[53]

---

53 Ebenda. Quellen und weiterführende Literatur befinden sich im Literaturverzeichnis unter der obigen Adressangabe.

6. Weitere Entwicklung der Wasserstoffwirtschaft

„Mittlerweile sind nicht nur die meisten Staatenlenker für das Problem der Erderwärmung sensibilisiert. Denn viele Länder sind direkt von der Gletscherschmelze und dem Anstieg des Meeresspiegels betroffen. Auch die nachwachsenden Generationen, Schüler und Studenten, gehen inzwischen auf Demonstrationen für mehr Klimaschutz. Die 16-jährige Schülerin Greta Thunberg aus Schweden hat eine Bewegung ins Leben gerufen namens „Fridays for Future", die jeden Freitag demonstriert, statt zur Schule zu gehen, mit dem Argument: Wenn ihr Erwachsenen nicht endlich [… den CO_2-Ausstoß verringert (Änderung d. Autors)], zerstört ihr unsere Zukunft. Dagegen demonstrieren wir. Haltet euch endlich an eure selbst gesteckten Ziele, die Erderwärmung bei 1,5 Grad zu stoppen, sonst ist die Erde für uns nicht mehr vernünftig bewohnbar.

Immer mehr Schülerinnen und Schüler demonstrieren weltweit, teilweise unterstützt von ihren Lehrern und Eltern und von zahlreichen Studentinnen und Studenten. Dagegen sind auch die „Gelbwesten" in Frankreich machtlos, die [unter anderem] gegen die Verteuerung der Benzinpreise auf die Straße gehen. Schüler und Studenten machen den Gesellschaften der Weltbevölkerung klar, dass es hier um ein akzeptables Überleben der zukünftigen Generationen geht. „Wir müssen diese Bewegung ernst nehmen und möglichst in Politik umsetzen, um noch einigermaßen glimpflich an einer Klimakatastrophe vorbei zu schrammen. Leider sind viele Politiker zu ängstlich und schauen auf Umfragewerte, anstatt einen Strukturwandel einzuleiten. Es gibt immerhin schon Kommunen, die lokal durch Windräder und Solarplantagen mehr als ausreichend elektrische Energie erzeugen. Der Überschuss kann für die kühlere Jahreszeit gespeichert werden, nicht nur in Akkumulatoren, sondern auch in Wasserstofftanks. Der durch Elektrolyse gewonnene Wasserstoff kann in Zeiten der Flaute in Brennstoffzellen in elektrischen Strom umgewandelt werden, nicht nur in elektrisch angetriebenen Fahrzeugen."[54]"[55]

Nach allem, was wir bisher erfahren haben, können wir uns lebhaft vorstellen, dass wir in Zukunft weniger Energie verbrauchen werden. Neue Häuser sind so gut gedämmt, dass sie zur Heizung im Winter nur wenig Energie benötigen. Eingebaute feuchtigkeitsgesteuerte Lüftungselemente verhindern Schimmelbildung. Unser neuestes Bauprojekt arbeitet mit Fußbodenheizung. Die dazugehörige Wärmepumpe steht am Gartenrand und kann von Solarenergie gespeist werden. Die Autos der Bewohner können mit Wasserstoff betankt sein und per Brennstoffzelle fahren. Man nutzt Hybridantrieb mit Fahrbatterie, durch die 40% des Wasserstoffs gespart wird, denn die Batterie wird beim Gaswegnehmen und Bremsen geladen und übernimmt dann den Anfahrprozess, wie bei derzeitigen Hybridfahrzeugen üblich. Dadurch verlängert sich die Reichweite einer Wasserstofffüllung.

Hinzu kommt die KI im Auto. Auch heute schon kann man mit

---

54 Olzog, Kurt: Bevölkerungsexplosion und Ressourcenverbrauch. S. 105.
　　Siehe auch:　 Olzog, Kurt: Energiewende im Klimawandel. Vgl. S. 75ff.
55 Olzog, Kurt: Gletscherschmelze und Meeresspiegel. S. 102f.

Abstandsradar fahren und verhindert so Auffahrunfälle. Außerdem hilft heute schon der Spurhalteassistent dabei, die Spur zu halten. Es ist absehbar, dass es in wenigen Jahren selbstfahrende Autos gibt, denen man nur das gewünschte Ziel eingeben muss, sei es per Sprache oder Tastatur. Hier schreitet die Entwicklung voran.

So kann man wie im Zug Zeitungen oder Bücher lesen, solange die Fahrt dauert, nur dass man mit dem Auto zeitlich unabhängig ist.

Wenn wir die Entwicklung von Haßfurt betrachten (siehe erstes Kapitel), können wir davon ausgehen, dass die Energieversorgung zunehmend dezentral erfolgt. Den großen Energieversorgungsunternehmen ist das natürlich ein Graus. Aber die Entwicklung geht weiter, und es sind Investitionen zu erbringen, um diese Entwicklung zu stemmen. Dazu werden dezentral Fachleute gebraucht, so dass Arbeitsplätze entstehen, wo andere wegfallen. Es kommt zu einer Umstrukturierung, wie es derzeit schon bei der Beendigung der Kohlekraftwerke der Fall ist.

Die Chemie-Industrie wird sich umstellen von der Erdöl- und Erdgasbasis auf die Wasserstoff- und Methanbasis. Die dazugehörigen Prozesse sind bereits bekannt und müssen noch für die nötigen Mengenbedarfe angepasst werden. Die chemische Industrie befasst sich mit der Erzeugung chemischer Produkte. Für viele andere Wirtschaftszweige stellt sie die benötigten Stoffe her, beispielsweise für die Kunststoffindustrie, die Lebensmittelindustrie, die Automobilindustrie, den Maschinenbau, die Glasindustrie und die Baustoffindustrie.[56] „Die mengenmäßig wichtigste Grund-

---

56   Vgl.: https://de.wikipedia.org/wiki/Chemische_Industrie.

chemikalie war lange Zeit die Schwefelsäure, bis sie von dem aus Erdöl gewonnenen Ethylen abgelöst wurde.

Genaue statistische Angaben zu Produktionsmengen von Grundchemikalien unterliegen mitunter der Geheimhaltung (beispielsweise in Deutschland, falls weniger als drei Unternehmen eine bestimmte Chemikalie herstellen). Manchmal werden sie geschätzt."[57]

Wichtige mit Wasserstoff zusammenhängende anorganische und organische Grundchemikalien der chemischen Industrie werden im Folgenden als Beispiele aufgeführt:

Aluminiumhydroxid, Wasserstoffperoxid. Ethylen, Propen, Benzol, Methanol, Formaldehyd, Butene und Phenol.[58]

Die jährlich erzeugten Mengen können unter der angegebenen Internetadresse abgefragt werden.[59]

Auch in der Stahlproduktion wird allmählich die Energieerzeugung umgestellt von Kohle und Koks auf Wasserstoff, wobei die Entwicklung zum „grünen" Wasserstoff geht. In Duisburg und auch in Salzgitter bereitet man sich bereits auf die Stahlproduktion mit Wasserstoff-Direktreduktionsanlage vor. Bisher gibt es in Deutschland keine Direktreduktionsanlage. Es gibt allerdings erste

---

57 Ebenda. Siehe auch: *Fachserie 4, Reihe 3.1, Produzierendes Gewerbe nach Güterarten, 2. Vierteljahr 2006; Hochrechnung aus der Halbjahresproduktion bezogen auf ein Jahr.*. Statistisches Bundesamt.
58 Ebenda. Siehe auch: Amecke, Hans-Bernd: *Chemiewirtschaft im Überblick.* VCH Verlagsgesellschaft mbH, Weinheim 1987, ISBN 3-527-26540-6.
59 https://de.wikipedia.org/wiki/Grundchemikalie #Übersicht_über_wichtige_Grundchemikalien.

Anfänge, Wasserstoff für die Stahlerzeugung zu nutzen: „Aktuell laufen in Duisburg Versuche am Hochofen 9. Die Idee: Bis zu 20 Prozent CO_2 kann der Hochofen einsparen, wenn die Metallerinnen und Metaller nicht Kohlenstaub einblasen, sondern Wasserstoff. Bislang schicken die Duisburger nur durch eine der 28 Heißwinddüsen Wasserstoff, die anderen sollen folgen. Den für das Einblasen benötigten Wasserstoff bringen Tankwagen. „Das reicht für die Versuche, aber langfristig brauchen wir ein Wasserstoff-Gasnetz", erklärt Matthias Weinberg, Leiter des Competence Center Metallurgy, der die Versuche begleitet."[60]

---

60 Böckmann, Christoph: Stahl hat eine grüne Zukunft. In: metallzeitung Juli/August 2020, S. 16f.

7. Zukunftsperspektiven

In den entwickelten Ländern setzt sich der Einsatz erneuerbarer Energien durch. Es ist ein mühsamer Prozess, der immer wieder angestoßen werden muss. So fand der letzte Klimagipfel in Madrid statt, obwohl eigentlich Chile ihn abhalten wollte. Chile musste allerdings wegen politischer Unruhen im Land absagen.

Die Weltklimakonferenz wird immer noch als einer der wichtigsten Gipfel der UN betrachtet. Man will die Erderwärmung unter der 2-Grad-Marke Anstieg seit der Zeit der industriellen Revolution halten. Es ist immerhin sinnvoll, in Europa alle Kohlekraftwerke zu schließen und den benötigten Strom mit Wind- und Sonnenenergie zu erzeugen. Zusätzlich ist es empfehlenswert, im Ausland zu investieren, „wo es Sonnenenergie im Überfluss gibt und wo man sauberen Strom und Wasserstoff aus regenerativen Quellen kaufen kann statt Erdöl und Erdgas."[61]

Bis 2050 soll in der EU unter dem Strich kein CO_2 mehr ausgestoßen werden. Der Ausstoß von Kohlendioxid wird verteuert, und zwar so sehr, dass er sich schlicht nicht mehr lohnt.

Im Laufe der kommenden Jahre werden die an Erdöl reichen Staaten zunehmend auf ihrem Öl sitzen bleiben, denn Öl und Kohle und allmählich auch Erdgas werden durch Wasserstoff ersetzt. Wer von den Ölstaaten jetzt noch nicht auf die saubere Produktion von Wasserstoff gesetzt hat, verpasst den Anschluss

---

61 Olzog, Kurt: Gletscherschmelze und Meeresspiegel. S. 116.

und die Möglichkeit, durch Wasserstoff statt durch Erdöl reich zu werden. Ein wenig Öl wird noch für die chemische Industrie benötigt, kann aber zunehmend durch nachwachsende Rohstoffe gewonnen werden. Was an CO_2 anfällt, wird durch die nachwachsenden Rohstoffe wieder gebunden. Insofern bleibt in diesem Kreislauf kein zusätzlicher CO_2-Ausstoß übrig.

Schauen wir etwas weiter in die Zukunft. Die friedliche Nutzung der Kernfusion liegt immerhin in Reichweite. Verschaffen wir uns zunächst einen Überblick über diese Technik:

„Die **Kernfusion** ist eine Kernreaktion, bei der zwei Atomkerne zu einem neuen Kern verschmelzen. Die Kernfusion ist Ursache dafür, dass die Sonne und alle leuchtenden Sterne Energie abstrahlen.

Von entscheidender Bedeutung für das Zustandekommen einer Fusion ist der Wirkungsquerschnitt, das Maß für die Wahrscheinlichkeit, dass zusammenstoßende Kerne miteinander reagieren. Ausreichend groß ist der Wirkungsquerschnitt meist nur dann, wenn die beiden Kerne mit hoher Energie aufeinander prallen. Diese ist nötig, um die Coulombbarriere, die elektrische Abstoßung zwischen den positiv geladenen Kernen, zu überwinden oder ihr schmales Maximum zu durchtunneln. Jenseits der Barriere, bei einem Abstand von nur noch etwa 10^{-15} m, überwiegt die Anziehung durch die starke Wechselwirkung und die Kerne verschmelzen miteinander.

Fusionsreaktionen können exotherm (Energie abgebend) oder endotherm (Energie aufnehmend) sein. Exotherme Fusionsreaktionen können die hohen Temperaturen aufrechterhalten, die nötig sind, damit die thermische Energie zu weiteren Fusionsreaktionen führen kann. Solche thermonuklearen Prozesse laufen in Sternen und Fusionsbomben unter extremem Druck ab. Im Gegensatz zur Kernspaltung ist eine Kettenreaktion mit Fusionsreaktionen nicht möglich.

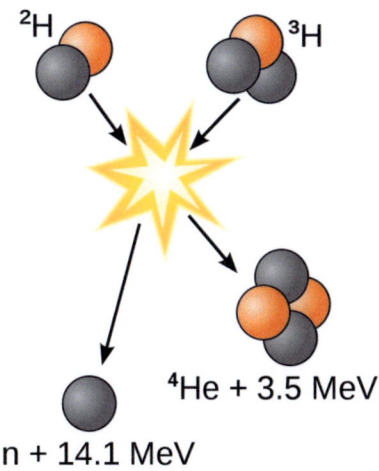

Die oben abgebildete Fusionsreaktion als thermonuklearer Vorgang soll in Zukunft der Stromerzeugung in Kernfusionsreaktoren dienen: Kerne von Deuterium (^{2}H) und Tritium (^{3}H) verschmelzen zu einem Heliumkern (^{4}He) unter Freisetzung eines Neutrons (n) sowie von Energie (3,5 MeV + 14,1 MeV).

In der Abbildung darunter ist die Bindungsenergie pro Nukleon der Nuklide dargestellt. Energie wird frei bei Reaktionen in aufsteigender Richtung der Kurve bzw. wird benötigt bei abfallender Richtung. Die Fusion von Wasserstoff (H) zu Helium-4 setzt besonders viel Energie frei."[62]

---

62 https://de.wikipedia.org/wiki/Kernfusion mit Diagramm auf folgender S.

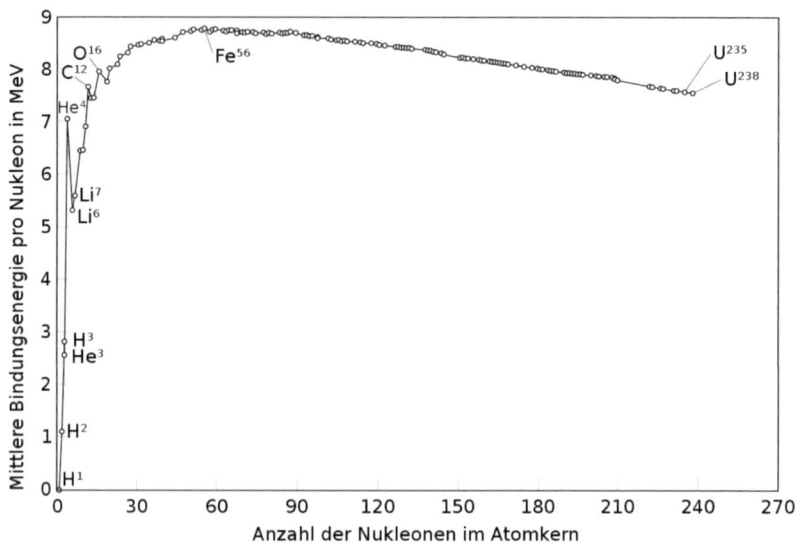

„In internationaler Kooperation wird erforscht, ob und wie sich Fusionsenergie zur Stromerzeugung nutzen lässt. Der erste wirtschaftlich nutzbare Reaktor wird, falls sich die technologischen Hindernisse überwinden lassen und die politische Entscheidung zugunsten der neuen Technologie fallen sollte, aus heutiger Sicht nicht vor 2050 erwartet.[...] Unter der Voraussetzung, dass fossile Brennstoffe wegen ihrer Klimaschädlichkeit zurückgedrängt werden und die Kernfusion somit wirtschaftlich konkurrenzfähig wäre, könnte ein großtechnischer Einsatz der neuen Technologie nach heutigem Erkenntnisstand im letzten Viertel des 21. Jahrhunderts erfolgen. […]

Fusionsreaktionen lassen sich wie andere Kernreaktionen mittels Teilchenbeschleunigern im Labor zu physikalischen Forschungszwecken durchführen. Die oben genannte Deuterium-Tritium-

Reaktion wird so zur Erzeugung schneller freier Neutronen verwendet. Auch der Farnsworth-Hirsch-Fusor ist eine Quelle freier Neutronen für Forschungs- und technische Zwecke."[63]

Die Entwicklung der friedlichen Nutzung von Fusionsenergie ist recht aufwändig. „**Fusionsenergie** bezeichnet im Zusammenhang der Forschungspolitik die großtechnische Nutzung der thermonuklearen Kernfusion zur Stromerzeugung. Die Aussicht auf eine praktisch unerschöpfliche[...] Energiequelle ohne das Risiko katastrophaler Störfälle[...] und ohne die Notwendigkeit der Endlagerung langlebiger radioaktiver Abfälle[...] ist die Motivation für langfristige, internationale Forschungsaktivitäten.

Das zurzeit aufwendigste und teuerste Projekt ist der internationale Forschungsreaktor ITER. Mit dem Reaktor, der seit 2007 in Südfrankreich errichtet wird, kann frühestens ab 2026[...] untersucht werden, ob ein Energieüberschuss – d. h. es wird mehr Fusionsleistung erzeugt als an Energiezufuhr benötigt wird – technisch realisierbar ist. Der nächste Schritt könnte das Projekt DEMO sein, mit dem gezeigt werden soll, dass Stromerzeugung durch Kernfusion prinzipiell möglich ist und eine genügend große Menge des Brennstoffs Tritium im Kraftwerk selbst erzeugt werden kann.[...] Falls diese Forschungsarbeiten erfolgreich verlaufen sollten, könnten Anlagen in wirtschaftlicher Größe mit einer elektrischen Leistung von 1000 bis 1500 MW[...] nach heutigem Kenntnisstand im letzten Viertel des 21. Jahrhunderts errichtet werden.[…]

---

63 https://de.wikipedia.org/wiki/Kernfusion#Technische_Anwendungen. Quellen und weiterführende Literatur befinden sich im Literaturverzeichnis unter der obigen Adressangabe.

Das technisch am weitesten fortgeschrittene Konzept zum dauerhaften Einschluss eines thermonuklear reagierenden Plasmas ist das des Tokamaks. Eine Schwierigkeit stellen dabei Plasmainstabilitäten verschiedener Art dar. An Mechanismen zu ihrer Unterdrückung wird intensiv geforscht. Aufgrund des induktiv erzeugten Plasmastroms kann ein Tokamak in seiner ursprünglichen Version nur gepulst betrieben werden, was technisch sehr nachteilig wäre; an Zusatztechniken zur dauernden Aufrechterhaltung des Stroms (Stromtrieb) wird ebenfalls geforscht. Beim Stellarator-Konzept werden weniger inhärente Stabilitätsprobleme erwartet, und ein gleichmäßiger Dauerbetrieb ist hier grundsätzlich möglich. Jedoch ist das Stellaratorkonzept in der Praxis weniger weit entwickelt. Ob das erste Fusionskraftwerk (DEMO) als Tokamak oder Stellarator gebaut werden soll, ist bisher (2019) noch nicht entschieden.[64]

Ein wichtiges Maß für den Fortschritt der Fusionsforschung ist das sogenannte Tripelprodukt[65]. Es muss einem durch das Lawson-Kriterium gegebenen Wert nahe kommen, damit ein Reaktor wirtschaftlich sein kann (siehe Fusion mittels magnetischen Einschlusses). Seit dem Beginn der Fusionsforschung in den 1960er Jahren konnte der Wert des Tripelprodukts ca. um das

---

64 Tokamak: Ringförmiger Typ eines Fusionsreaktors, der auf der Methode des magnetischen Plasmaeinschlusses beruht.
Stellarator: Ringförmiger Fusionsreaktor mit komplexerer äußerer Magnetsteuerung. Siehe:
https://meta.wikimedia.org/wiki/File:RES030_Tokamak_und_Stellarator.ogg

65 Ein Kernfusionsreaktor brennt von selbst, wenn bei gegebener Temperatur das Tripelprodukt aus Teilchendichte, Temperatur und Bremsstrahlungsverlusten ausreichend hoch ist. Vgl. J D Lawson: *Some Criteria for a Power Producing Thermonuclear Reactor.* In: *Proceedings of the Physical Society. Section B.* 70, 1957, S. 6–10.

10.000-fache gesteigert werden, sodass man Anfang 2016 nur noch mit einem Faktor zwischen sieben und zehn von der Zündung entfernt ist. JET erreichte 1997 kurzzeitig (für weniger als 200 Millisekunden) 16 MW Fusionsleistung bei 24 MW eingekoppelter Heizleistung. Der größere Tokamak namens ITER soll für 1000 Sekunden 500 MW Fusionsleistung bei 50 MW Heizleistung demonstrieren. Damit wäre die technische Machbarkeit eines Q-Faktors (definiert als das Verhältnis von Fusionsleistung zu Heizleistung) von zehn gezeigt.

Prognosen über Strom liefernde Reaktoren liegen seit Jahrzehnten jeweils etwa 30 bis 50 Jahre in der Zukunft. Von manchen Kritikern wird diese Zeitspanne spöttisch als „Fusionskonstante" bezeichnet.[...] Dass die Prognosen zu optimistisch waren, hat mehrere Ursachen: Der an sich einfache Prozess der Verschmelzung zweier Atomkerne ist in ein komplexes plasmaphysikalisches Umfeld eingebunden, das erst verstanden und beherrscht werden muss. Auch in der praktischen Umsetzung ergaben sich neuartige Herausforderungen technologischer und materialtechnischer Art, da zum Beispiel Temperaturen über 100 Millionen Grad erreicht werden müssen. Finanzierung, Bau und Betrieb der Großanlagen verzögern sich oft aus politischen Gründen, insbesondere angesichts der Kosten beim Projekt ITER.

Ende April 2016 verkündete das Max-Planck-Institut für Plasmaphysik, die bisherigen Experimente und weitere Untersuchungen hätten gezeigt, dass der Dauerbetrieb eines Tokamak technisch machbar ist. Damit seien auch die „Bedingungen für ITER und DEMO nahezu erfüllt".[...]

Auch wenn Fusionskraftwerke technisch machbar sein sollten, heißt dies nicht, dass sie auch wirtschaftlich betrieben werden können. Im Sachstandsbericht des deutschen Bundestages von 2002 heißt es: „Insgesamt ist daher umstritten, ob auf DEMO bereits Fusionskraftwerke folgen, die wirtschaftlich konkurrenzfähig betrieben werden können. Möglicherweise werden Anfangsschwierigkeiten eine weitere staatliche Unterstützung erforderlich machen (Heindler 2001)."[...]

Der derzeitige Vorsitzende des Wissenschaftlichen Beirats der Bundesregierung Globale Umweltveränderungen (WBGU), Hans Joachim Schellnhuber, der auch Direktor des Potsdam-Instituts für Klimafolgenforschung ist, hat 2015 die hohen Kosten der Kernfusionsforschung angesichts der Potentiale der Solarenergie kritisiert:

> "While we have been working decade after decade on developing an incredibly expensive fusion reactor, we are already blessed with one that works perfectly well and is free to all of us: the Sun"
>
> „Während wir Jahrzehnt nach Jahrzehnt an der Entwicklung eines unglaublich teuren Fusionsreaktors gearbeitet haben, sind wir bereits mit einem gesegnet, der einwandfrei funktioniert und für uns alle kostenlos ist: Die Sonne"
>
> – Hans-Joachim Schellnhuber: common-ground[...]

EUROfusion, die Dachorganisation der europäischen Kernfusionsforschung, geht von folgendem Szenario aus: Unter der Voraussetzung, dass fossile Brennstoffe wegen ihrer Klimaschädlichkeit zurückgedrängt werden und die Kernfusion somit wirtschaftlich konkurrenzfähig wäre, könnte ein großtechnischer Einsatz der neuen Technologie nach heutigem Erkenntnisstand ab Mitte des 21. Jahrhunderts erfolgen.[...] Daher wird von einigen bezweifelt, dass Fusionsenergie eine Rolle bei der Energiewende spielen kann.[…] Unter anderen diese späte Verfügbarkeit ließ den WBGU 2003 zu der Schlussfolgerung kommen, dass es nicht zu verantworten sei, beim aktuellen Stand Energiekonzepte für die Zukunft „auch nur teilweise auf der Kernfusion basieren zu lassen."[…]

Das Demonstrationskraftwerk DEMO soll erstmals einige 100 MW an elektrischer Leistung produzieren.[...] Es wird damit allerdings noch zu klein für einen kommerziellen Betrieb sein.

Weil bei Fusionskraftwerken die Bau- und Finanzierungskosten den wesentlichen Anteil an den Gesamtaufwendungen darstellen, wären sie insbesondere als Grundlastkraftwerke einsetzbar. 2002 wurde dazu mit Bezug auf eine Quelle aus 2001 in einem Bericht an den Bundestag festgestellt: „Für Grundlastkraftwerke ist die Zuverlässigkeit ein entscheidender Parameter. Häufige unvorhergesehene Unterbrechungen oder lange Stillstandszeiten für Wartung und Reparatur würden Fusionskraftwerke unattraktiv machen. Die heute angenommene Leistungsverfügbarkeit eines Fusionskraftwerkes von 75 % (Bradshaw 2001) ist gegenüber anderen Großkraftwerken, die zum Teil über 95 % erreichen, vergleichsweise niedrig."[…]

Fusionskraftwerke würden solche auf Basis von Kernspaltung und fossilen Brennstoffen ersetzen und hätten

- im Gegensatz zu herkömmlichen Kraftwerken auf der Basis von Kohle, Öl oder Gas
  - keinen Ausstoß von Abgasen, insbesondere von Treibhausgasen wie CO_2;
  - auf sehr lange Zeit keine Probleme mit der Brennstoffversorgung, während die fossilen Brennstoffe absehbar zu teuer werden;
  - vernachlässigbare Kosten der Brennstoffe, deren Gewinnung auch im Hinblick auf Umweltrisiken kein Problem darstellt.
- im Gegensatz zu Kernspaltungsreaktoren
  - keine Reaktion, die überkritisch werden oder thermisch durchgehen kann. Wenn das Magnetfeld das Plasma nicht zusammenhalten kann, kühlt es an der Wand ab und die Fusionsreaktion bricht ab.[...]
  - keine Endlagerungsproblematik durch sehr langlebiges radioaktives Material.
  - Transporte radioaktiven Brennstoffs nur zur einmaligen Erstversorgung mit einem Tritium-Vorrat von rund 1 kg nötig. Die Einsatzstoffe Lithium und Deuterium sind nicht radioaktiv.[…]
- ähnlich wie bei Kernspaltungsreaktoren
  - erhebliche Neutronenaktivierung von Strukturmaterialien. Das radioaktive Gesamtinventar der Anlage wäre dadurch während des Betriebs ver-

gleichbar mit dem eines Spaltreaktorkraftwerks gleicher Leistung. Sehr langlebige Abfallstoffe könnten allerdings vermieden werden.

- Anlagenteile, die so starker Neutronenstrahlung ausgesetzt wären, dass sie regelmäßig getauscht und zwischengelagert werden müssten. Bei herkömmlichen Kernreaktoren werden insbesondere die Brennelementhüllen, in denen sich der Uran-Brennstoff befindet, zusammen mit dem Brennstoff getauscht; bei Fusionsreaktoren wären dies insbesondere Teile des Divertors und des Blankets. Der Austausch ist aber wegen der komplizierten Geometrie aufwändiger als der Wechsel von Brennelementen in einem Kernreaktor.
- Kontaminationen, die Wartungsarbeiten zusätzlich erschweren würden: Während gasförmiges Tritium zu Wasser oxidiert, abgepumpt und in Kühlfallen gesammelt wird, stellt die Kontamination von Wandmaterial ein großes Problem dar. Tritium wird ionenimplantiert oder mit erodiertem Kohlenstoff wieder abgeschieden. Dieses Tritium ist nicht leicht einzusammeln, aber auch nicht sicher gebunden. [...]
- mobiles radioaktives Inventar, das im Falle einer Katastrophe freigesetzt werden könnte: Das im Blanket erbrütete radioaktive Tritium wird innerhalb der Anlage extrahiert und wieder verbraucht. Der Vorrat für einen einwöchigen Betrieb läge bei

einer 1-GW-Anlage bei einigen Kilogramm[...] und hätte eine Aktivität von 10^{18} Bq. Das ist etwa die Aktivität des bei der Nuklearkatastrophe von Tschernobyl freigesetzten radioaktiven Iods, aber nur ein kleiner Bruchteil der über 600 kg Tritium, die im vergangenen Jahrhundert durch Kernwaffentests in die Atmosphäre geraten sind.

Deuterium-Tritium-Fusionsreaktoren wären demnach nicht frei von Radioaktivitätsproblemen, jedoch bezüglich Sicherheit und Umweltverträglichkeit ein Fortschritt gegenüber herkömmlichen Kernspaltungsreaktoren."[66]

„Die Division of Plasma Physics der American Physical Society hat einen „Landmark Plan" für die weitere Entwicklung der Kernfusion als künftige Energiequelle herausgegeben. Zu dem 199 Seiten umfassenden Dokumente haben mehrere hundert Wissenschaftler und Ingenieure aus verschiedenen Fachgesellschaften beigetragen. [...] Darin empfehlen sie, den Design und Bau eines Pilotkraftwerks, das Nettoelektrizität erzeugt und als wissenschaftliche und technologische Basis für ein kommerzielles Fusionskraftwerk dienen kann. Außerdem soll ein neuer Tokamak-Reaktor in den USA entstehen, der diese Anforderungen erfüllt. Besonderes Augenmerk soll dabei auf der Wechselwirkung der Baumaterialien mit den Neutronen liegen, die bei der Fusion freigesetzt werden. Außerdem gelte es, das Fusionsplasma umfassend zu modellieren und zu simulieren sowie die US-

---

66 https://de.wikipedia.org/wiki/Fusionsenergie. Quellen und weiterführende Literatur befinden sich im Literaturverzeichnis unter der obigen Adressangabe.

amerikanische Vollmitgliedschaft beim Fusionsexperiment ITER aufrechtzuerhalten, das derzeit in Südfrankreich entsteht. Die Plasmaphysik soll in ihrer ganzen Breite von der Astrophysik bis zur Nanotechnologie gefördert werden.

Der Bericht dient auch dazu, das Fusion Energy Sciences Advisory Committee (FESAC) am Energieministerium (DOE) zu unterstützen, das derzeit für das DOE Office of Science ein Langzeitprogramm der Fusionsforschung formuliert. Besonders die Zusammenarbeit unterschiedlicher Regierungsbehörden und Forschungsagenturen sowie mit der Industrie und internationalen Partnern wird betont."[67]

Die weitere Entwicklung der Fusionsenergie wird sich noch ein paar Jahrzehnte hinziehen. Bis dahin müssen wir mit Wind- und Solarenergie ausreichend Wasserstoff erzeugen, um von fossilen Energieträgern unabhängig zu werden. Das Ziel bleibt immerhin, die Erderwärmung zu bremsen und wenn möglich auf 1,5 Grad im Vergleich zum vorindustriellen Zeitalter zu begrenzen. Insofern ist die Ankündigung der momentan in Europa agierenden Politiker zu begrüßen, die Wasserstoffwirtschaft auszubauen. Es wird sehr viel H_2 benötigt, um Stahl CO_2-frei zu erzeugen. Noch mehr wird für den Verkehrssektor gebraucht, um LKW und PKW CO_2-frei fahren zu lassen. Ein weiterer Anteil wird benötigt, um Strom in wind- und sonnenarmen Zeiten zu erzeugen und um in den kalten Tagen Heizungen zu versorgen. Die Elektroyseure sollten an größeren Flüssen stehen, so dass immer ausreichend Wasser vorhanden ist. Des Weiteren müssen sie mit erneuerbarer Energie

---

[67] Delbrück, Matthias: Von Kernfusion und Plasmen. In: Physik Journal Mai 2020, S. 15.

beliefert werden, beispielsweise von Offshorewindparks und Solarfarmen, die in Europa verteilt werden. Irgendwo scheint die Sonne täglich, irgendwo herrscht Tag und Nacht hindurch Wind, besonders im Offshore-Bereich. Europa allein würde schon ausreichen, um genügend Wasserstoff zu erzeugen. Inzwischen erzeugt Marokko ebenfalls erneuerbare Energie und könnte uns Wasserstoff, aber auch sauberen Strom verkaufen, der unsere Elektrolyseure mit Energie versorgt.

In anderen arabischen Ländern entlang der afrikanischen Mittelmeerküste und auf der arabischen Halbinsel gibt es Insellösungen wie beispielsweise in den Vereinigten Arabischen Emiraten. Im Emirat Abu Dhabi startete im Jahr 2008 ein Stadtbauprojekt namens Masdar-City, etwa 30 Kilometer östlich der Hauptstadt Abu Dhabi. Dort wird die Energieversorgung durch ein eigenes Solarkraftwerk und einen Windpark gesichert. In Masdar wird es keine fossil betriebenen Fahrzeuge mehr geben, die müssen vor der Stadt parken. Von dort aus geschieht der Personentransport mit elektrisch betriebenen öffentlichen Verkehrsmitteln. Seit dem Jahr 2011 wird das Elektro-Kabinensystem erprobt. Die führerlosen Kabinenfahrzeuge „werden an mit Trenntüren gesicherten Haltestellen bestiegen bzw. beladen und bewegen sich über bodengleiche Leitschwellen mit bis zu 40 km/h im Verkehrsdeck."[68]

IRENA, Abkürzung für International Renewable Energy Agency, gegründet am 26. Januar 2009 mit der Unterzeichnung der Satzung durch 75 Staaten in Bonn, hat das Ziel, die nachhaltige Nutzung erneuerbarer Energien weltweit zu fördern.

---

68 Olzog, Kurt: Energiewende im Klimawandel. Vgl. S. 78ff.

In Bonn wurde ein Innovations- und Technologiezentrum hierfür eingerichtet.[69]

An dieser Stelle erinnern wir uns an das dreibändige Werk „Das Prinzip Hoffnung" von Ernst Bloch, dessen vierte Auflage 1977 erschien.[70] Ich erwarb es während meines Studiums im Januar 1978 und las es mit Gewinn. Es hat sicher nicht an Aktualität eingebüßt.[71]

---

69 Ebenda, Vgl. S. 81ff.
70 Bloch, Ernst: Das Prinzip Hoffnung. Frankfurt am Main 1959, 4. Aufl. 1977.
71 Olzog, Kurt: Globalisierung der Politik. Vgl. S. 180.

Literaturverzeichnis

Blanckenburg, Friedhelm von: Der Thermostat der Erde. In: Spektrum der Wissenschaft März 2020, S. 48-57.

Bloch, Ernst: Das Prinzip Hoffnung. Frankfurt am Main 1959, 4. Aufl. 1977.

Böckmann, Christoph: Der Energieträger der Zukunft. In: metallzeitung. Frankfurt am Main, April 2020, S. 4f.

Böckmann, Christoph: Keine Kohle! In: metallzeitung. Frankfurt am Main, März 2020, S. 4f.

Böckmann, Christoph: Stahl hat eine grüne Zukunft. In: metallzeitung. Frankfurt am Main, Juli/August 2020, S. 16f.

Bossel, Ulf: Theorie und Praxis, April 2006: *Wasserstoff löst keine Energieprobleme*, aufgerufen am 24. September 2014.

Dan Gao, Dongfang Jiang, Pei Liu, Zheng Li, Sangao Hu, Hong Xu, *An integrated energy storage system based on hydrogen storage: Process configuration and case studies with wind power*. Energy 66 (2014) 332-341 doi:10.1016/j.energy.2014.01.095

Der Fischer Weltalmanach1997, S. 1120f. Hg,: Dr. Mario von Baratta, Frankfurt am Main 1996.

Der Fischer Weltalmanach 2010. Verantwortlich: Eva Berié. Frankfurt am Main 2009.

Der neue Fischer Weltalmanach 2016. Verantwortlich: Christin Löchel. Frankfurt am Main 2015.

Der neue Fischer Weltalmanach 2018. Verantwortlich: Christin Löchel. Frankfurt am Main 2017.

Der neue Fischer-Weltalmanach 2019. Verantwortlich: Christin Löchel. Frankfurt am Main 2018.

DIE ZEIT: Das Lexikon in 20 Bänden, Hamburg 2005.

https://de.wikipedia.org/wiki/Chemische_Industrie. Siehe auch: *Fachserie 4, Reihe 3.1, Produzierendes Gewerbe nach Güterarten, 2. Vierteljahr 2006; Hochrechnung aus der Halbjahresproduktion bezogen auf ein Jahr.*. Statistisches Bundesamt. Amecke, Hans-Bernd: *Chemiewirtschaft im Überblick.* VCH Verlagsgesellschaft mbH, Weinheim 1987, ISBN 3-527-26540-6.

https://de.wikipedia.org/wiki/Fusionsenergie. Siehe auch: „deuterium can be easily extracted at a very low cost", „enough [...] for 2 billion years" (S. 16), „20.000 years of inexpensive Li6 available" (S. 17) In: Jeffrey P. Freidberg: *Plasma Physics And Fusion Energy.* 2007. Jeffrey P. Freidberg: *Plasma Physics And Fusion Energy.* 2007, S. 17. Weston M. Stacey: *Fusion. An Introduction to the Physics and Technology of Magnetic Confinement Fusion.* 2010, S. 151–154; *radioactive structural material [...] storage time required [...] 100 years.* A. M. Bradshaw: *Der lange Weg zu ITER*, PDF. Max-Planck-Institut für Plasmaphysik (IPP), 28. Oktober 2005. *50 Jahre Forschung für die Energie der Zukunft* (PDF; 5,8 MB). Max-Planck-Institut für

Plasmaphysik (IPP), 2010. Abgerufen am 3. Juli 2013. ISBN 978-3-00-031750-7. EURO*fusion*.org: *Fusion Technology – From experiment to power plant* (Memento des Originals vom 9. April 2015 im *Internet Archive*) Info: Der Archivlink wurde automatisch eingesetzt und noch nicht geprüft. *Fusion Electricity - A roadmap to the realisation of fusion energy. Euro-Fusion.org. 2012. Abgerufen am 24. Dezember 2016. EUROfusion.org: The Road to Fusion Electricity. Abgerufen am 24. Dezember 2016. Ulf von Rauchhaupt: Sonnenfeuer am Boden – Nach zehnjähriger Planung bleibt vom internationalen Kernfusionsreaktor Iter nur die Sparversion, DIE ZEIT, 1999.*
http://www.ipp.mpg.de/de/aktuelles/presse/pi/2016/04_16. Armin Grunwald, Reinhard Grünwald, Dagmar Oertel, Herbert Paschen: Kernfusion. Sachstandsbericht (PDF; 396 kB). Arbeitsbericht des Büros für Technikfolgen-Abschätzung beim Deutschen Bundestag, März 2002, S. 49. https://www.pik-potsdam.de/images/common-ground . Umweltinstitut München, Kernfusion – teuer und überflüssig (Memento des Originals vom 6. April 2016 im Internet Archive) Info: Der Archivlink wurde automatisch eingesetzt und noch nicht geprüft. *Juli 2013 . Anatol Hug: Kernfusion: Das müssen Sie wissen. Schweizer Radio und Fernsehen – Wissen, 23. März 2015. Wissenschaftlicher Beirat der Bundesregierung Globale Umweltveränderungen: Welt im Wandel – Energiewende zur Nachhaltigkeit. Berlin Heidelberg 2003, S. 53 . Demonstrationskraftwerk DEMO (Max-Planck-Institut für Plasmaphysik) Armin Grunwald, Reinhard Grünwald, Dagmar Oertel, Herbert Paschen: Kernfusion. Sachstandsbericht (PDF; 396 kB). Arbeitsbericht des Büros für Technikfolgen-*

*Abschätzung beim Deutschen Bundestag, März 2002, S. 48–49. Abgerufen am 17. Juni 2014. ITER & Safety Archivlink (*Memento *vom 12. November 2009 im Internet Archive), ITER Organization (englisch) . ITER Fusion Fuels, ITER Organization (englisch) . Joachim Roth et al.: Tritium inventory in ITER plasma-facing materials and tritium removal procedures. Plasma Phys. Control. Fusion 50, 2008, 103001, doi:10.1088/0741-3335/50/10/103001. A. Fiege (Hrsg.), Tritium. Bericht KfK-5055, Kernforschungszentrum Karlsruhe, 1992, S. 54–57 ISSN 0303-4003.*

https://de.wikipedia.org/wiki/Grundchemikalie#Übersicht_über_wichtige_Grundchemikalien.

https://de.wikipedia.org/wiki/Kernfusion.

https://de.wikipedia.org/wiki/Kernfusion#Technische_Anwendungen. Siehe auch: Ernest Rutherford: *Collision of α particles with light atoms. IV. An anomalous effect in nitrogen*, Philosophical Magazine 37, 1919, S. 581–587. (Veröffentlichungstext). Hans Bethe: *Energy Production in Stars*, Phys. Rev. 55, 1939, S. 434–456. Rutherford, Oliphant, Paul Harteck: Transmutation effects observed with heavy hydrogen, Proc. Roy. Soc. A, Band 144, 1934, S. 692–703, und unter dem gleichen Titel, Nature, Band 133, 1934, S. 413. The discovery of D-D fusion, EuroFusion, 2010. *M.Keilhacker, JET Deuterium-Tritium Results and their Implications*. Webseite von EUROfusion. Abgerufen am 16. August 2016. Michael Schirber, APS: *Synopsis: Rare Fusion Reactions Probed with Solar Neutrinos*, 2012. Weston M. Stacey: *Fusion. An Introduction to the Physics and Technology of Magnetic Confinement Fusion.* 2010, S. 1. H. Paetz gen. Schieck: *The status of Polarized Fusion,* Eur. Phys. J. 44 A, 2010, S. 321–354. Armin Grunwald, Reinhard Grünwald, Dagmar Oertel, Herbert Paschen: *Sachstandsbericht Kernfusion.* Büro für Technikfolgen-Abschätzung beim Deutschen Bundestag, März 2002, abgerufen am 9. Oktober 2014. *ITER and beyond. On to DEMO* http://www.iter.org/proj/iterandbeyond (Memento vom 22. September 2012 im *Internet Archive*). Webseite der ITER-Organisation. Abgerufen am 4. Juli 2013. *Why fusion research? – Cost* Archivlink (Memento vom 9. April 2015 im *Internet Archive*). Webseite von EURO*fusion*. Abgerufen am 1. November 2014. *A roadmap to the realisation of fusion energy.* EFDA Roadmap

https://de.wikipedia.org/wiki/Künstliche_Intelligenz. Siehe auch: Nils J. Nilsson: *The Quest for Artificial Intelligence. A History of Ideas and Achievements.* Cambridge University Press, New York 2009. Nick Bostrom: *Superintelligenz. Szenarien einer kommenden Revolution.* Suhrkamp, 2016, S. 42. Nick Bostrom: *Superintelligenz. Szenarien einer kommenden Revolution.* Suhrkamp, Frankfurt am Main. 2016, S. 50 f. Daniela Hernandez: *Microsoft Challenges Google's Artificial Brain With 'Project Adam'.* In: *Wired.* 14. Juli 2014, abgerufen am 5. August 2014 (englisch). Jeff Hawkins, Sandra Blakeslee: *On Intelligence.* Owl Books, 2005, ISBN 978-0-8050-7853-4, S. 89. Alexander D. Wissner-Gross, C. E. Freer: *Causal Entropic Forces.* (PDF) In: *Physical Review Letters.* Institute for Applied Computational Science (Harvard University), The Media Laboratory (MIT), Department of Mathematics (University of Hawaiʻi at Mānoa),

19. April 2013, abgerufen am 8. August 2014 (englisch). *Alex Wissner-Gross: A new equation for intelligence.* In: *YouTube.* TED, 6. Februar 2014, abgerufen am 5. August 2014 (englisch). Mark A. Bedau: *Artificial life: organization, adaptation and complexity from the bottom up.* In: Department of Philosophy, ReedCollege, 3023 SE Woodstock Blvd., Portland OR 97202, USA (Hrsg.): *Trends in Cognitive Sciences.* Band 7, Nr. 11. Portland, OR, USA November 2003 (reed.edu [PDF; abgerufen am 12. März 2019]). Wolfgang Banzhaf, Barry McMullin: *Artificial Life.* In: Grzegorz Rozenberg, Thomas Bäck, Joost N. Kok (Hrsg.): *Handbook of Natural Computing.* Springer, 2012, ISBN 978-3-540-92909-3. *Künstliche Intelligenz revolutioniert die Astronomie.* science.ORF.at, 15. Dezember 2017, abgerufen am 12. März 2019.

https://de.wikipedia.org/wiki/Malé.

https://de.wikipedia.org/wiki/Meeresspiegelanstieg_seit_1850. Siehe auch: J. Hansen, M. Sato, P. Hearty, R. Ruedy, M. Kelley, V. Masson-Delmotte, G. Russell, G. Tselioudis, J. Cao, E. Rignot, I. Velicogna, E. Kandiano, K. von Schuckmann, P. Kharecha, A. N. Legrande, M. Bauer, K.-W. Lo: *Ice melt, sea level rise and superstorms: evidence from paleoclimate data, climate modeling, and modern observations that 2 °C global warming is highly dangerous.* (PDF) In: *Atmospheric Chemistry and Physics (Discussions).* 15, Nr. 14, 2015, S. 20059–20179. *Meeresspiegelanstieg: Maximal 2,38 Meter bis zum Jahr 2100.* In: *Spiegel Online.* 21. Mai 2019 (spiegel.de [abgerufen am 21. Mai 2019]). R.J. Nicholls und S.P. Leatherman (1994): *Global sea-level rise*, in: K. Strzepek, J.B. Smith: As Climate Changes:

Potential Impacts and Implications, Cambridge Univ. Press.

https://de.wikipedia.org/wiki/Methan.

https://de.wikipedia.org/wiki/Internationale_Organisation_für_erneuerbare_Energien.

https://de.wikipedia.org/wiki/Wasserelektrolyse#/media/Datei:Hoffmannscher_Zersetzugs-app.svg.

https://de.wikipedia.org/wiki/Wasserstoffherstellung#Einsatz_von_Wasserstoff; siehe auch: Grüner Wasserstoff als Klimaschützer: Der Sauberstoff auf spiegel.de abgerufen am 2. Januar 2020. *MIT claims 24/7 solar power*, vom 31. Juli 2008, abgerufen am 19. Oktober 2011.

https://de.wikipedia.org/wiki/Wasserstoffherstellung#/media/Datei:Photo_praxair_plant.hydrogen.infrastructure.jpg.

https://de.wikipedia.org/wiki/Wasserstoffwirtschaft#Energetische_Nutzung_des_Wasserstoffs. Siehe auch: *Brennstoffzellenheizgerät - Daten und Fakten.* (Memento vom 28. Februar 2013 im *Internet Archive*) (Quelle: Vaillant Group; PDF; 83 kB). Richard Herbrik: *Energie- und Wärmetechnik.* 2. Auflage. B.G. Teubner Stuttgart 1993, Kap.4.1. Funktionsprinzip von Brennstoffzellen (Quelle: Netzwerk Brennstoffzelle und Wasserstoff NRW). Wissen Brennstoffzelle (Quelle: Hydrogeit Verlag) *CleanEnergy WorldTour 2001: Finale in Berlin.* BMW Group, 8. November 2001, abgerufen am 19. April 2019 (Pressemeldung). Markus Fasse: *Autohersteller: BMW verliert Glauben an den Wasserstoffantrieb.* Handelsblatt, 7. Dezember 2009, abgerufen am 19. April 2019. *Großversuch in*

Hamburg - Neuer Brennstoffzellen-Bus von Mercedes verbraucht 50 % weniger Wasserstoff. (Memento vom 13. Dezember 2010 im *Internet Archive*) In: *A. T. Z. Online.* 19. November 2009, eingefügt 15. Februar 2012. GM CEO: electric cars require teamwork; hydrogen cars 10x more expensive than Volt (Memento vom 1. Januar 2010 im *Internet Archive*) 30. Oktober 2009 (Quelle: Washington Post) Michael Specht: *Brennstoffzellen als Antrieb: Warum Toyota auf Wasserstoff umschwenkt.* In: *Spiegel Online.* 19. November 2017 (spiegel.de [abgerufen am 19. November 2017]). J. Wilms: *Wasserstoff-Autos auf Weltrekordfahrt.* In: *Die Zeit.* 26. April 2012. Mercedes B-Klasse F-Cell auf Weltreise (Quelle: Heise Stand: 31. Januar 2011). Zukunft des Schienenwesens : hydrail.org Development of the World's First Fuel Cell Hybrid Railcar. (11. April 2006) East japan Railway Company. Abgerufen 18. Juni 2013. *Minister Lies: Die Zu(g)kunft beginnt in Niedersachsen.* (Nicht mehr online verfügbar.) Archiviert vom Original am 10. November 2017; abgerufen am 10. November 2017. Andreas Wilkens: *Brennstoffzellen-Züge sollen Diesel-Loks in Niedersachsen ersetzen.* Heise online, 10. November 2017, abgerufen am 10. November 2017. Wasserstoff als Ozonkiller? (Quelle: Umweltdialog.de Mediengruppe macondo Stand: 30. September 2003). Wasserstoff ist keine Gefahr für die Ozonschicht (Quelle: Energie Agentur NRW Stand: 25. Februar 2010). Deutscher Wasserstoff- und Brennstoffzellen-Verband: *Wasserstoff - der neue Energieträger.* (Memento vom 31. Januar 2012 im *Internet Archive*) (PDF; 153 kB), Stand: 22. März 2004. Medienforum Deutscher Wasserstofftag, Axel Stepken:Wasserstoff – So sicher wie Benzin (PDF; 704 kB). (Seite nicht mehr abrufbar, Suche in Webarchiven: *Dr. Henry Portz, Brandexperten ermitteln rätselhafte Brandursache.*) ZDF Abenteuer Wissen vom 11. Juli 2007, eingefügt am 9. Februar 2012. *Spektakulärer Test zeigt: Wasserstoff im Auto muss nicht gefährlicher sein als Benzin.* (Memento vom 29. Mai 2012 im *Internet Archive*). *Sicherheitsaspekte bei der Verwendung von Wasserstoff.* (Memento vom 6. März 2012 im *Internet Archive*). Unterwegs im *Wasserstoff-7er*, in: heise online, 22. November 2006, abgerufen am 8. Februar 2012.

https://de.wikipedia.org/wiki/Wasserstoffwirtschaft#Geschichte.

https://de.wikipedia.org/wiki/Wasserstoffwirtschaft#Speicherung_und_Verteilung_von_Wasserstoff. Siehe auch: *Pipelinetechnologie.* (PDF; 1,2 MB). In: *Biowasserstoffmagazin.* 18. Ausgabe, S. 33. Zumischung von Wasserstoff im Erdgasnetz (Quelle: Deutscher Verein des Gas und Wasserfaches Stand Oktober 2010; PDF; 180 kB). Erdgasleitungen als Speicher für Windenergie (Quelle: Heise Stand: 18. April 2011). Wasserstofftransport (Quelle: H2 Works). *Stuart Island Energy Initiative.* Abgerufen am 19. April 2019. Ökostrom als Erdgas speichern (Quelle: Fraunhofer-Institut, Stand: 26. April 2010). *Im Land soll eine Wasserstoff-Infrastruktur für eine zukunftsfähige Energienutzung und nachhaltige Mobilität aufgebaut werden.* (Memento vom 23. Januar 2011 im *Internet Archive*) (Quelle: Ministerium für Umwelt, Klima und Energiewirtschaft, Baden-Württemberg Stand 19. Januar 2011). *Deutschland auf dem Weg zur Wasserstoff-Wirtschaft.* (Memento vom 23. September 2015 im *Internet*

Archive). Wasserstoff - Der neue Energieträger. (Memento vom 25. Oktober 2007 im *Internet Archive*) Deutscher Wasserstoff- und Brennstoffzellen- Verband e. V. Internet: dwv-info.de. Michael Bertram: *Industrie: Fraunhofer-Gesellschaft investiert in Leuna sechs Millionen Euro.* In: *Mitteldeutsche Zeitung.* 18. November 2015 (mz-web.de [abgerufen am 29. Januar 2018]). Transport von Wasserstoff (Quelle: TÜV Süd). *Wasserstoff als Energieträger.* (Memento vom 5. Februar 2009 im *Internet Archive*) (Quelle: Air Liquide). *Unterwegs im Wasserstoff-7er*, in: heise online, 22. November 2006, abgerufen am 8. Februar 2012.

https://www.deutschlandfunk.de/umweltfreundliche-energie-deutschland-soll-vorreiter-bei.1939.de.html?drn:news_id=1139720.

Lexikon der Physik in 6 Bänden. 2000 Heidelberg.

Lawson, J. D.: *Some Criteria for a Power Producing Thermonuclear Reactor.* In: *Proceedings of the Physical Society. Section B.* 70, 1957, S. 6–10.

Nguyen-Kim, Mai Thi: Komisch, alles chemisch! München 2019.

Olzog, Kurt: Bevölkerungsexplosion und Ressourcenverbrauch. Norderstedt 2019.

Olzog, Kurt: Der Mond – Rohstoffquelle und Weltraumbasis. Norderstedt 2017.

Olzog, Kurt: Energiewende im Klimawandel. Zweite erweiterte Auflage, Norderstedt 2017.

Olzog, Kurt: Gletscherschmelze und Meeresspiegel. Entwicklung und Zukunftsperspektiven. Norderstedt 2020.

Olzog, Kurt: Globalisierung der Politik. Geschichte und Zukunftsperspektiven. Norderstedt 2018.

Pinzler, Petra, Oertel, Friederike, Schmitt, Stefan: Das politische Element. In: DIE ZEIT No 8 vom 13. Februar 2020, S. 39f.

Quaschning, Volker: *Regenerative Energiesysteme. Technologie – Berechnung – Simulation*. 9. aktualisierte Auflage. München 2015.

Scherer, Katja: Rein ins Rohr, in: DIE ZEIT Nr. 18, Hamburg 2015, S. 31.

Schmitt, Stefan: Umweg nach vorn. In: DIE ZEIT No 10 vom 27. Februar 2020, S. 34.

Specht, Michael: Zukunft Wasserstoff. In: Auto & Leben. Das Toyota Magazin. Heft 02/2020. Köln 2020.